Nähen

für das Kinderzimmer

Kreative Ideen aus Stoff
für Kuschelkissen, Spielzeug, Nützliches & Co.

OZ creativ

Ruth Laing *ist Bekleidungsingeneurin und hat als Mutter von drei Kindern einen direkten Draht zu den Vorlieben von Kids. In diesem pfiffigen Nähbuch präsentiert sie tolle Ideen für „kleine Leute", die Spaß aufs Nacharbeiten machen*

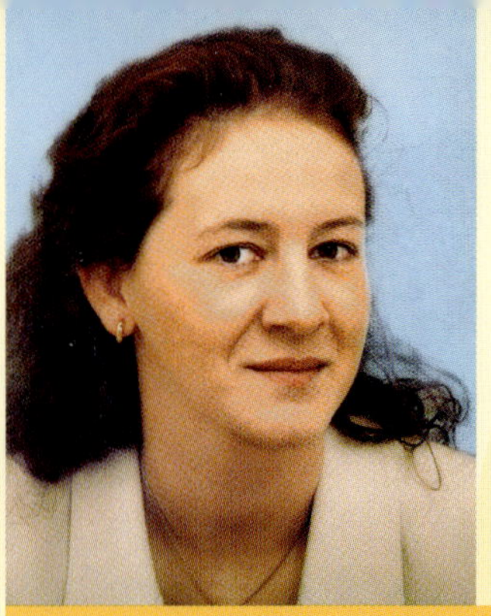

VORWORT

Liebe Leserinnen, liebe Leser,

Damit Sie mit Freude an die Arbeit gehen können, beantworte ich einige Fragen vorweg:

Welches Material und welches Zubehör benötige ich?

Für jedes Modell ist aufgelistet was Sie benötigen. Beim Stoffverbrauch bin ich in der Regel von einer Stoffbreite von 140–150 cm ausgegangen, häufig reichen auch kleinere Reste. Bei den Einlagen zur Verstärkung der Stoffe handelt es sich um Produkte der Firma Freudenberg. Kopierpapier, Stecknadeln, Nähnadeln, Lineal, Geodreieck, Schneiderkreide und Scheren für Papier und Stoff sollten vorhanden sein.

Woher bekomme ich meine Schnittteile?

Die Vorlagen für die Modelle finden Sie auf den Seiten 46–60. Der Beschriftung des Schnittmusters können Sie entnehmen, um welches Modell es sich handelt, aus welcher Art von Stoff (Baumwollstoff, Futter, Einlage oder Volumenvlies) es zugeschnitten wird und wie häufig Sie jedes Teil benötigen. Mit Hilfe eines Kopiergerätes vergrößern Sie die Teile auf das angegebene Maß und schneiden sie aus. Dieses Papierschnittteil stecken Sie nun auf dem Stoff fest und schneiden aus. Denken Sie daran, den Fadenlauf auch auf den Papierschnitt zu übertragen. Bei sehr großen Schnittteilen kann es nötig sein, einige Linien entsprechend der Beschriftung zu verlängern.

Wie schneide ich richtig zu?

Das Papierschnittteil wird so aufgelegt, dass der Fadenlauf (eingezeichnete Linie auf dem Schnittmuster) parallel zur Webkante liegt. Bei extrem kleinen Teilen kann der Fadenlauf manchmal vernachlässigt werden. Alle Schnittteile haben ringsum 1 cm Nahtzugabe, das Schnittmuster kann also wie eine Schablone benutzt werden. Falls ein Schnittteil zweimal benötigt wird legen Sie den Stoff rechts auf rechts und schneiden gleich doppelt zu. Die Maße rechteckiger Stoffteile finden Sie unter dem Punkt „Zuschneiden".

Wie nähe ich das Modell?

Der Punkt „Nähen" hilft Ihnen, das Modell Schritt für Schritt nachzuarbeiten. Sie sollten den Text zunächst komplett durchlesen und dann die Beschreibung Schritt für Schritt nachvollziehen. Alle offenen und später sichtbaren Kanten werden mit Zickzackstich oder Versäuberungsstich umnäht. Werden die Schnittteile verstürzt oder mit Schrägband eingefasst, ist ein Versäubern der Schnittkanten nicht nötig. Alle Modelle enthalten 1 cm Nahtzugabe, d.h. Sie nähen die Teile 1 cm von der Schnittkante entfernt zusammen. Üblicherweise werden die einzelnen Stoffteile mit Stecknadeln zusammengesteckt, häufig ist ein Zusammenheften mit Heftgarn sinnvoll (z.B. beim Einnähen eines Reißverschlusses). Der Heftfaden wird nach dem Nähen wieder entfernt. Bei ähnlichen Verarbeitungsschritten oder -techniken gibt es Verweise auf Seiten oder Modelle, bei denen die einzelnen Arbeitsschritte meist durch Zeichnungen verdeutlicht wurden.

Viel Spaß beim Nähen wünscht

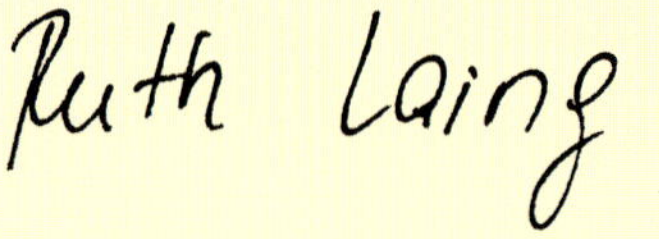

INHALT

◆ = für Anfänger *◆◆ = Vorkenntnisse erforderlich* *◆◆◆ = für Fortgeschrittene*

Kuschelfreund

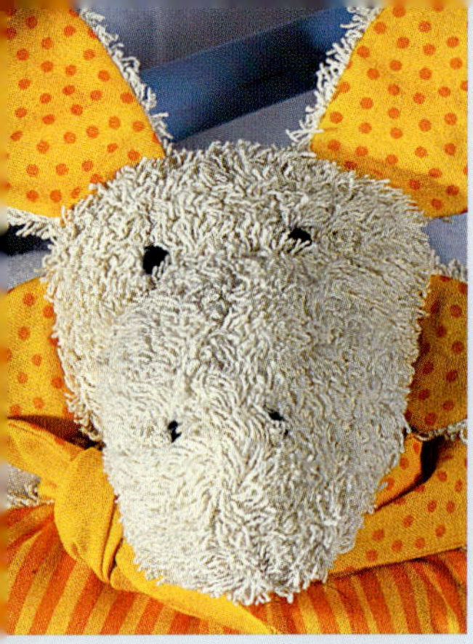

Das freundliche Gesicht ist mit Knopflochgarn gestickt

Elch

Schwierigkeit:

Größe:
34 cm

Vorlagen:
Seite 46

MATERIAL

- 0,30 m gestreifter Baumwollstoff
- 0,25 m gepunkteter Baumwollstoff
- 0,25 m unifarbener Baumwollstoff
- 0,25 m Frottee
- Füllwatte
- schwarzes Knopflochgarn

Zuschneiden:
Schnittteile 1–9 vergrößern und aus den jeweiligen Stoffen zuschneiden.

Nähen:
Die beiden Zuschnitte von Geweih, Ohren, Füßen und Händen jeweils rechts auf rechts gelegt verstürzen, die schmale Kante bleibt offen. Nahtzugaben auf ca. 3 mm zurückschneiden, die Rundungen und Ecken vorsichtig bis knapp vor die Stepplinie einschneiden. Anschließend die Teile wenden, die Kanten sorgfältig herausdrücken und bügeln.
Für die Schnauze die beiden Frotteeschnittteile rechts auf rechts entlang der Mittelnaht aufeinander steppen, die Nahtzugabe bis auf 3 mm zurückschneiden. Dann das obere Kopfteil an die Schnauze nähen, die Nahtzugaben zurückschneiden und auseinander bügeln (Zeichnung 1).

Zeichnung 1, Schnauze an oberes Kopfteil nähen

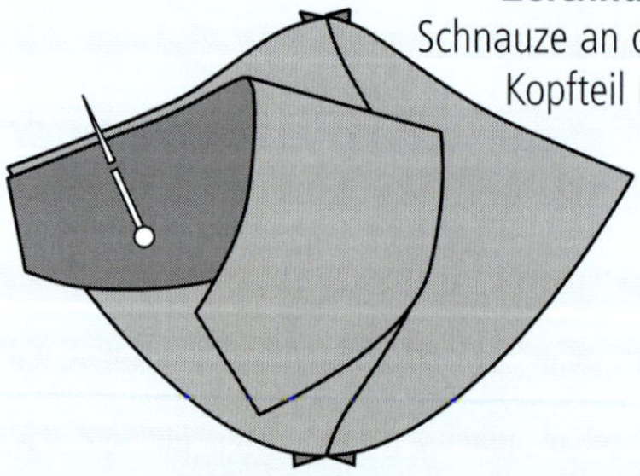

Anschließend Geweih und Ohren an das obere Kopfteil steppen (Nahtbreite 0,5 cm). Der Abstand zwischen Geweih und Ohren beträgt 1 cm (Zeichnung 2).

Zeichnung 2, Ohr und Geweih annähen

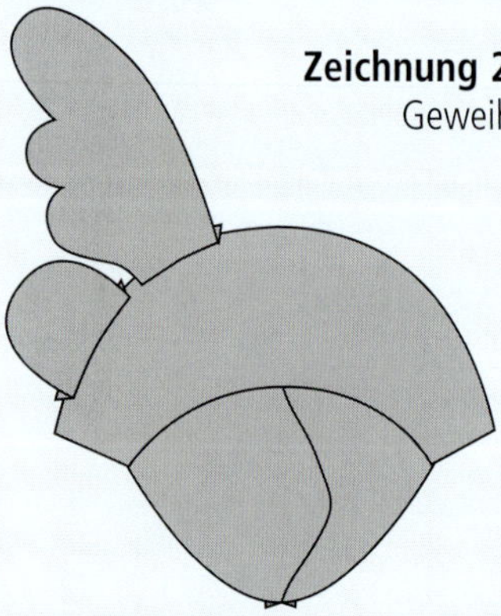

Die beiden hinteren Kopfteile entlang der hinteren Mittelnaht rechts auf rechts steppen, die Nahtzugaben zurückschneiden und auseinander bügeln. Das hintere Kopfteil an das obere Kopfteil steppen, die beiden rechten Stoffseiten liegen innen. Die Nahtzugaben zurückschneiden und auseinander bügeln. Nun das untere Kopfteil an den Rest des Kopfes nähen (Zeichnung 3).

Zeichnung 3, unteres Kopfteil annähen

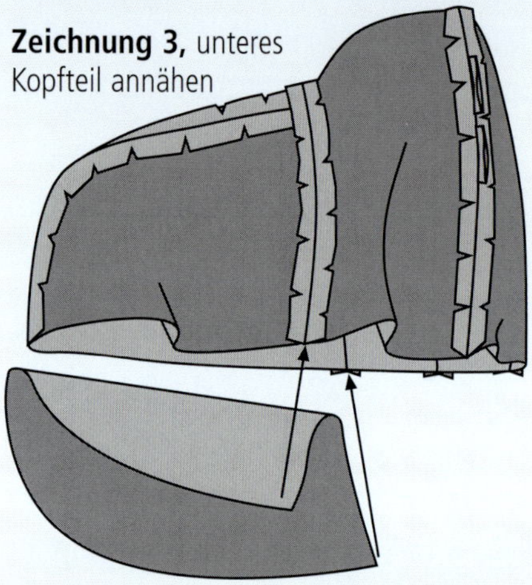

Auch hier beide Schnittteile rechts auf rechts stecken, die Eckpunkte treffen auf die Ansatznaht der Schnauze (Pfeile). In der Ansatznaht zu nähen beginnen und enden. Nahtzugaben zurückschneiden und Rundungen vorsichtig einschneiden. Anschließend die Naht glatt streichen. Kopfteil wenden und mit Füllwatte weich ausstopfen.

Die Arme und Füße auf eines der beiden Rumpfteile vorsteppen, Nahtbreite ca. 0,5 cm. Die beiden Rumpfteile rechts auf rechts verstürzen. Die obere Kante zum Wenden und zur Befestigung des Kopfes offen lassen. Nahtzugaben zurückschneiden. Den Körper wenden und mit Füllwatte ausstopfen.

Fertigstellen:
Den Kopf in den Rumpf schieben, die Nahtzugabe des Rumpfes 1 cm nach innen einschlagen. Bei Mehrweite des Rumpfes die obere Kante einkräuseln. Mit doppelt gelegtem Faden nähen.
Zum Schluss Augen und Nasenlöcher mit Knopflochgarn aufsticken. Für das Halstuch zwei Dreiecke (38 x 27 x 27 cm) rechts auf rechts rundum nähen, Wendeöffnung lassen. Nach dem Steppen die Nahtzugaben an den Ecken schräg abschneiden. Halstuch wenden, bügeln und die Wendeöffnung schließen.

Der kleine Mäusekönig trägt einen prächtigen Schnurrbart

Königskissen orange

Schwierigkeit:

◆◆

Größe:
40 x 40 cm

Vorlagen:
Seite 47

Königlich bequem

MATERIAL

- 0,45 m gepunkteter Baumwollstoff
- 0,35 m gelber Baumwollstoff
- 10 x 11 cm gestreifter Baumwollstoff
- 0,15 m beigefarbener Frotteestoff
- 0,35 m Vlieseline®
- 0,15 m Vliesofix®
- 3 Knöpfe
- schwarzes Knopflochgarn

Zuschneiden:
Vorlagen 10 und 11 für die Blenden vergrößern, ausschneiden und aus Stoff zuschneiden.
Außerdem:
(die Maße enthalten 1 cm Nahtzugabe)
35 x 29 cm Baumwollstoff, Mittelteil der Vorderseite (mit Vlieseline® verstärken)
39 x 34 cm Baumwollstoff, hinteres oberes Kissenteil
39 x 16 cm Baumwollstoff, hinteres unteres Kissenteil
4 x 3 cm Bänder (Arme), 4 x 3 cm Bänder (Beine)
Für die Applikationen die Vorlagen 12–17 vergrößern, alle Stoffe zunächst nur grob zuschneiden (siehe Seite 45).

Applikationen:
Für die Applikation werden 0,5 cm breite Bänder benötigt (siehe Seite 45). Anschließend für die Arme und Beine einen gepunkteten Stoffrest mit Vliesofix® bekleben und die Schnittteile nach Schablone zuschneiden. Das Trägerpapier abziehen und auf den grob zugeschnittenen Frottee kleben. Mit einem kleinen, dicht eingestellten Zickzackstich aufnähen, dabei die Bänder mitfassen. Nach dem Nähen den Frottee ringsum vorsichtig wegschneiden. Die anderen Applikationsmotive aufbügeln (siehe Seite 45) und auf das Mittelteil des Kopfkissens nähen, dabei die Bänder für Arme und Beine (Arme 3 cm, Beine 4 cm) mitfassen.

Nähen:
Die vier Teile für die Blende rechts auf rechts aneinander nähen, dabei an der Innenseite die Nahtzugabe (1 cm) offen lassen. Die Nahtzugaben auseinander bügeln (Zeichnung 1). Anschließend die Zugaben an der Innenseite der Blende ringsum nach links umbügeln (Zeichnung 2).

Die Blende links auf rechts auf das Mittelteil stecken (evt. festheften) und mit Zickzack- oder Geradstich aufnähen. Danach die überstehenden Kanten des Innenteils zurückschneiden und zusammen mit den Nahtzugaben der Blende versäubern. An die beiden rückwärtigen Kissenteile die Knopfleiste arbeiten. Dazu die Längsseiten zunächst 1 cm, anschließend nochmals 3 cm nach links umbügeln und knappkantig feststeppen. Am größeren, oberen Kissenteil drei Knopflöcher in die Leiste einarbeiten. Die beiden hinteren Kissenteile übereinander legen, das größere Teil mit den Knopflöchern liegt oben. Vorder- und Rückseite in der Länge abgleichen. Die Verschlusskante an den Seiten, innerhalb der Nahtzugaben feststeppen.

Zeichnung 1, Ecke der Blende nähen

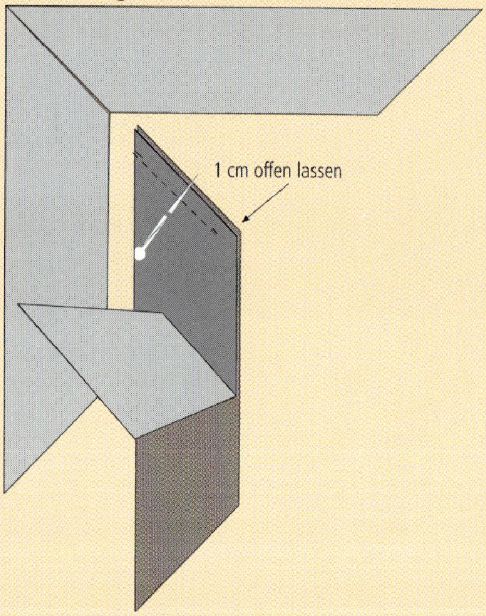

Zeichnung 2, bügeln

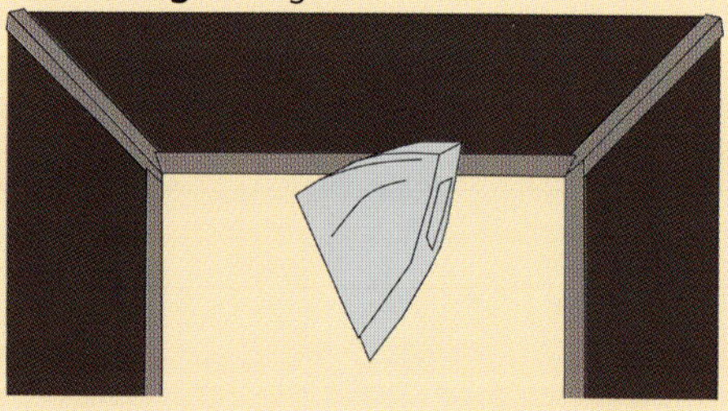

Fertigstellen:
Vorderes und hinteres Kissenteil rechts auf rechts ringsum aufeinander nähen. Das Kissen wenden, die Ecken vorsichtig herausdrücken, die Kanten bügeln und die drei Knöpfe annähen. Zum Schluss das Gesicht der Maus mit Knopflochgarn sticken.

Solch ein Windelsack ist später als Wäschesack sehr nützlich

Windelsack

Schwierigkeit:

◆◆◆

Größe:

38 x 72 cm

Vorlage:

Seite 47

Einfach praktisch

MATERIAL

- 2,00 m Baumwollstoff
- 1,20 m aufbügelbares Volumenvlies
- 2,00 m Schrägband
- hölzerner Kleiderbügel
- 7 Perlen
- feste Pappe oder Sperrholzbrett, 31 x 20 cm

Zuschneiden:

Schnitteil 18 (vergrößert) Haube, viermal
114 x 74 cm, Mittelteil, zweimal
34 x 23 cm, Boden, zweimal
3,5 x 30 cm, Bänder, viermal

Nähen:

Auf ein Mittelteil, einen Boden und zwei Haubenteile jeweils linksseitig Volumenvlies aufbügeln. Dann von rechts im Abstand von 3 cm Linien steppen (siehe Seite 44). Nun das innere (Futter) und das äußere Mittelteil links auf links knappkantig aufeinander steppen (3 mm). Die offenen Kanten der langen Eingriffsöffnung (74 cm lang) mit Schrägband einfassen (siehe Seite 45). Anschließend die hintere Mitte des Schnittteils (57 cm) an der oberen Kante mit Nadeln markieren. Den Windelsack so falten, dass die eingefassten Kanten entlang der oberen Kante exakt auf der markierten hinteren Mitte liegen. Die Kanten in diesem Bereich aufeinander stecken. Nun die Mehrweite des Mittelteils an den beiden äußeren Seiten jeweils zu einer Falte zusammenlegen, so dass eine Gesamtbreite von 36 cm erreicht wird. Alles sorgfältig mit Nadeln feststecken. Den Kleiderbügel (ggf. auf 36 cm Länge zurechtsägen) auf die obere Stoffkante legen und die Rundung des Bügels auf den Stoff übertragen. Diese aufgezeichnete Linie mit der Nähmaschine nachsteppen, dabei für den Haken in der Mitte eine Öffnung von 1,5 cm lassen. Überstehenden Stoff zurückschneiden (Zeichnung).

Zeichnung, Form des Kleiderbügels übertragen

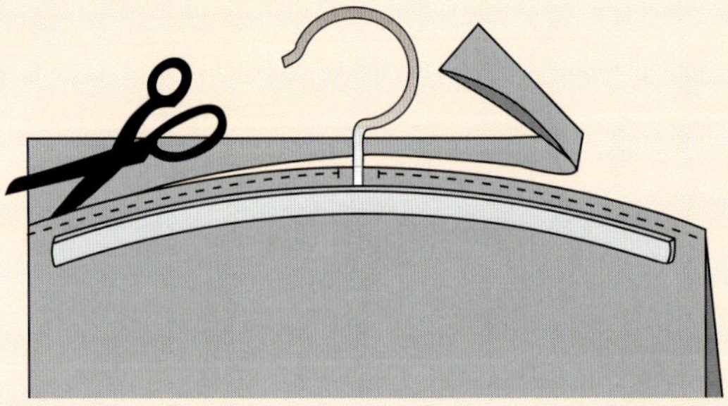

Nun den Boden an das Mittelteil nähen. Dazu die Nahtlinie des Bodens markieren und die Ecken bis kurz vor die Linie vorsichtig einschneiden. Das gesamte Mittelteil mit Nadeln ringsum feststecken und darauf achten, dass die eingefassten Kanten in der Mitte liegen. Beim anschließenden aneinander Nähen immer nur von einer eingeschnittenen Ecke zur nächsten eingeschnittenen Ecke steppen, Nahtanfang und -ende gut verriegeln. Nach dem Annähen die Falten von der oberen Kante aus schräg bis zu den vier Ecken des Bodens hin einbügeln.
Für die Haube zunächst die beiden wattierten Teile rechts auf rechts entlang der oberen Kante, sowie entlang der Schmalseiten aufeinander nähen. Auch hier an die Öffnung (1,5 cm) für den Haken des Kleiderbügels denken. Die Nahtzugaben auf 3 mm zurückschneiden, Haube wenden und die Kanten bügeln. Die beiden Belege für die Bogenkante rechts auf rechts aneinander nähen und an die Haube stecken, die rechten Stoffseiten liegen aufeinander. Die Bogenkante und den Beleg verstürzen, die Nahtzugaben knapp zurückschneiden. Die Teile wenden, die Kanten bügeln und den Beleg von Hand an die Haube säumen.

Fertigstellen:

Nach Belieben Perlen an die Bogenkante nähen. Für den Haken einen 3,5 cm breiten und 15 cm langen Stoffstreifen rechts auf rechts nähen, wenden (siehe Seite 45) und über den Haken ziehen. Genauso die Bindebänder fertigen, hier jedoch eine Schmalseite nach innen einschlagen und die Öffnung mit kleinen Handstichen schließen. Die Bindebänder ca. 25 cm und 65 cm von der Oberkante entfernt annähen. Den Sperrholzboden einseitig mit Stoff bekleben und zur Stabilisierung in den Windelsack legen.

Die fröhlichen Punkte und Streifen stehen ihm gut

Quak, quak

MATERIAL

- 0,45 m gestreifter Baumwollstoff
- 0,25 m grüner Baumwollstoff
- 0,15 m gepunkteter Baumwollstoff
- 0,20 m Frottee
- 0,20 m Vliesofix®
- schwarzer Filz
- Füllwatte

Zuschneiden:
Vorlagen 19–27 vergrößern, ausschneiden und aus Stoff zuschneiden. Arme und Beine zunächst nur grob zuschneiden (ca. 14 x 15 cm) und später das Papierschnittteil als Schablone benutzen.
Schal: 52 x 9 cm.

Nähen:
Das Frotteeschnittteil für den Brustlatz (Teil 20) linksseitig mit Vliesofix® bekleben. Anschließend das Trägerpapier abziehen, den Latz mittig auf den Stoffrumpf bügeln und mit dicht eingestelltem Zickzackstich aufnähen. Für Arme und Beine jeweils ein Stoff- und ein Frotteerechteck rechts auf rechts aufeinander legen und das Papierschnittteil als Schablone darauf feststecken. Beide Stoffteile entlang der Schablone aufeinander steppen, die untere Kante bleibt zum Wenden offen. Die Nahtzugaben auf 2 mm zurückschneiden. Die Teile wenden, die Formen sorgfältig herausdrücken und die Kanten bügeln. Arme und Beine entsprechend der Schnittmarkierungen auf die Vorderseite des Rumpfes stecken, die beiden Stoffseiten liegen aufeinander, und 0,5 cm breit am Rumpf festnähen. Nun die Rückseite des Rumpfes rechts auf rechts auf die Vorderseite stecken und entlang der äußeren Rundung aufeinander steppen, Arme und Beine werden mitgefasst. Die Nahtzugaben auf 3 mm zurückschneiden. Den Körper wenden und die Kanten bügeln.
Auf das Gesicht die Frotteeaugen applizieren (siehe Seite 45). Die schwarzen Filzkreise mit kleinen Handstichen befestigen. Anschließend die beiden Kopfteile rechts auf rechts legen und bis zur Markierung (siehe Schnittteil) aufeinander steppen, die Halskante bleibt ebenfalls offen. Den Kopf wenden, die Kanten bügeln. Für die Krone die beiden Schnittteile rechts auf rechts aufeinander steppen, die untere Kante bleibt offen. Die Nahtzugaben auf 3 mm zurückschneiden, das Teil wenden und die Kanten bügeln. Für die Kronenspitzen, zunächst Vliesofix® auf die Rückseite von drei Kreisen aufbügeln. Das Trägerpapier abziehen und die Kreise auf die linke Seite der anderen drei, grob zugeschnittenen Frotteereste aufbügeln. Die exakt zugeschnittenen Kreise mit einem kleinen, dicht eingestellten Zickzackstich umnähen und den überstehenden Frottee knappkantig abschneiden. Die Kreise von Hand an die Kronenspitzen nähen. Nun die Krone unter das vordere Kopfteil schieben, den Stoff auf der Rückseite mit Nadeln wegstecken. Das Gesicht mit einem kleinen, dicht eingestellten Zickzackstich an die Krone applizieren, an der Ecke die Nahtzugabe einschneiden. Nach dem Applizieren die Nahtzugabe der Kopfrückseite nach links einschlagen und von Hand festnähen.
Körper und Kopf mit Füllwatte ausstopfen, die Teile ineinander schieben und die Halsnaht von Hand nähen. Mund und Nase mit doppelt gelegtem Nähgarn aufsticken.

Fertigstellen:
Für den Schal ein gepunktetes und ein gestreiftes Stoffteil entlang der äußeren Rundung verstürzen, die schmale Kante bleibt offen. Nahtzugaben und Spitzen auf 3 mm zurückschneiden. Schalspitzen wenden und Kanten bügeln. Die Nahtzugaben des langen, gestreiften Stoffstreifens (52 x 9 cm) nach links umbügeln, anschließend das Teil nochmals zur Hälfte bügeln (die linken Stoffseiten liegen aufeinander) und die Schalenden in die schmalen Öffnungen schieben. Die offenen Kanten ringsum aufeinander steppen.

Frosch

Schwierigkeit:
◆◆
Größe:
55 cm
Vorlagen:
Seite 48 und 49

Froschkönig

Der Frosch wartet noch auf seine Prinzessin

Königskissen grün

Schwierigkeit:

◆◆

Größe:

40 x 40 cm

Vorlagen:

Seite 49

MATERIAL

- 0,15 m gepunkteter Baumwollstoff
- 0,40 m gestreifter Baumwollstoff
- 0,15 m grüner Baumwollstoff
- 0,30 m Frotteestoff
- 0,15 m Vliesofix®
- 3 Knöpfe
- schwarzes Knopflochgarn

Zuschneiden:
Vorlage 28 (Blende) vergrößern, ausschneiden und viermal aus Stoff zuschneiden. Für die Applikationen die Teile 29–33 zunächst nur grob zuschneiden.
29 x 29 cm Frottee, Mittelteil der Vorderseite
40 x 33 cm gestreifter Baumwollstoff, hinteres oberes Kissenteil
40 x 18 cm gestreifter Baumwollstoff, hinteres unteres Kissenteil

Nähen:
Die Applikationen (siehe Seite 44) auf den Frottee aufkleben und mit einem kleinen, dicht eingestellten Zickzackstich aufnähen. Die vier Teile für die Blende rechts auf rechts aneinander nähen, dabei an der Innenseite die Nahtzugabe (1 cm) offen lassen (siehe auch Verarbeitung Königskissen in orange). Die Nahtzugaben auseinander bügeln. Anschließend die Zugaben an der Innenseite der Blende ringsum nach links umbügeln.

Die Blende links auf rechts auf das Mittelteil stecken (evt. festheften) und mit Zickzack- oder Geradstich aufnähen. Nach dem Nähen die überstehenden Kanten des Innenteils zurückschneiden und zusammen mit den Nahtzugaben der Blende versäubern. An den beiden rückwärtigen Kissenteilen die Knopfleiste arbeiten. Dazu die Längsseiten zunächst 1 cm, anschließend nochmals 3 cm nach links umbügeln und knappkantig feststeppen. An dem größeren, oberen Kissenteil drei Knopflöcher in gleichmäßigen Abständen einarbeiten. Dann die beiden hinteren Kissenteile übereinander legen, das größere Teil mit den Knopflöchern liegt oben. Vorder- und Rückseite in der Länge abgleichen. Die Verschlusskante an den Seiten, innerhalb der Nahtzugaben feststeppen.

Fertigstellen:
Vorderes und hinteres Kissenteil rechts auf rechts legen und ringsum aufeinander nähen. Das Kissen wenden, die Ecken mit einer Schere vorsichtig herausdrücken, die Kanten bügeln und die Knöpfe annähen. Zum Schluss die Augen mit dem Knopflochgarn, Mund und Nase mit dem beigefarbenen Nähgarn aufsticken.

TIPP

Die Knopflöcher für die Kissen nähen Sie nach der Beschreibung Ihrer Nähmaschinenfunktionen. Arbeiten Sie die Knopflöcher in die umgeschlagene Kante des größeren Kissenteils, das oben liegen wird. Die Position der Knöpfe markieren Sie zuerst mit Stecknadeln auf der umgeschlagenen Kante des kleineren Kissenteils, dann nähen Sie die Knöpfe an diesen Punkten fest. Die Größe der Kissenrückseite muss dem Maß der Kissenvorderseite entsprechen.

Auf der grünen Box lässt sich ein Schmetterling gerne nieder

Alles aufgeräumt

MATERIAL

- Baumwollstoff (je nach Größe der Schachtel)
- Vliesofix® für alle Schnittteile
- Kordel nach Belieben
- Klebstoff

Zuschneiden:
Karton: Umfang und Höhe messen. Beim Umfang 2 cm Nahtzugabe, in der Höhe 3,5 cm Nahtzugabe zugeben.
Deckel: Deckel als Schablone benutzen, Kontur auf die linke Stoffseite übertragen und ringsum 1 cm Nahtzugabe zugeben.
Blende: Umfang und Höhe des Deckels ausmessen. Beim Umfang 2 cm und in der Höhe 2,5 cm Nahtzugabe zugeben.
Die Schnittteile für die Applikationen (34, 35 oder 36, 37) vergrößern, ausschneiden und zunächst nur grob aus Stoff zuschneiden.

Nähen:
Die Applikationen herstellen (siehe Seite 44) und auf die Stoffe nähen.
Karton: Den Stoff für den Karton linksseitig mit Vliesofix® bekleben. Trägerpapier abziehen und das Schnittteil zum Ring zusammennähen. Die Nahtzugabe mit dem Fingernagel glatt streichen, nicht bügeln (!). Den Stoff über den Karton ziehen (bei einem eckigen Karton die Naht an einer Ecke platzieren) und die Passform überprüfen (der Stoff sollte sehr stramm sitzen), und wenn nötig Korrekturen vornehmen. Den Stoff so ausrichten, dass er an der oberen Kante ca. 1,5 cm übersteht. Anschließend den Stoff mit dem Bügeleisen auf den Karton bügeln. Die Nahtzugabe an der oberen Kante (1,5 cm) nach innen, an der unteren Kante (ca. 2 cm) an den Boden des Kartons bügeln, evt. kleine Dreiecke herausschneiden, damit keine Falten entstehen.
Deckel: Den Stoff für den Deckel linksseitig mit Vliesofix® bekleben, bei einem runden Karton ringsum kleine Dreiecke herausschneiden. Dann den Stoff mittig auf den Deckel bügeln, die überstehende Nahtzugabe nach unten bügeln. Bei einem eckigen Karton die Nahtzugaben an den Ecken vorsichtig abschneiden.

Blende: Die genaue Höhe der Blende ausmessen, zusätzlich 3 mm dazu rechnen. Anschließend die Nahtzugaben an der oberen und unteren Kante sehr sorgfältig nach links umbügeln. Nun den Streifen zum Ring zusammennähen, dazu die umgebügelten Nahtzugaben nochmals kurz aufschlagen, nach dem Nähen den Bruch wieder einbügeln. Unbedingt die Passform überprüfen, notfalls korrigieren. Danach das Vliesofix® aufbügeln. Der Vliesofix®-Streifen sollte auf keinen Fall breiter als der Stoff sein. Nach dem Aufbügeln das Trägerpapier abziehen, die Blende über den Deckel ziehen und den Stoff mit dem Bügeleisen fixieren.

Fertigstellen:
Die fertigen Applikationen ringsum auf den Karton bügeln. Die Kordel (runder Karton) stramm um den Deckel binden und mit Klebstoff am Knotenpunkt befestigen.

Zwei Boxen

Schwierigkeit: ◆

Vorlagen: Seite 60

TIPP

Motivideen für solche Applikationen finden Sie in großer Auswahl in den Bilderbüchern Ihrer Kinder. Die gefertigten Stoff-Applikationen können Sie entweder mit Vliesofix® oder mit Klebstoff auf den Boxen fixieren. Für ganz eilige gibt es fertige Applikationen zu kaufen.

Zeichnung, Box bekleben

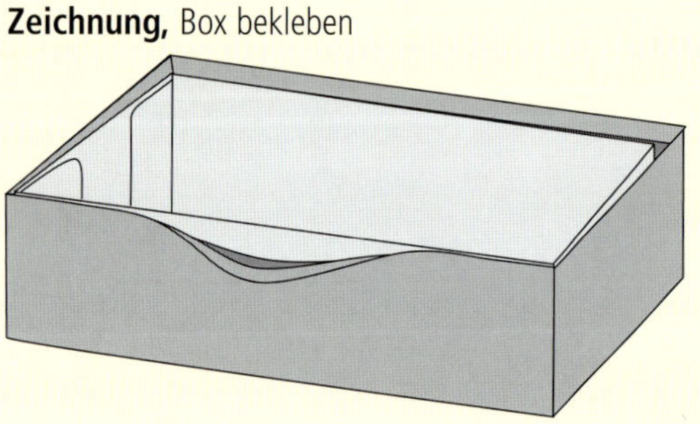

Die Wackelaugen machen das Hasengesicht lebendig

Gute Reise!

Rucksack

Schwierigkeit: ◆◆◆

Größe: 20 x 30 cm

Vorlagen: Seite 50

MATERIAL

- 0,55 m blauweiß karierter Baumwollstoff
- 0,35 m Baumwollfutter
- 0,15 m weißer Frottee
- 10 x 15 cm weißer Baumwollstoff
- 0,35 m Vlieseline®
- 0,35 m aufbügelbares Volumenvlies
- 0,15 m Vliesofix®
- 50 cm Reißverschluss
- 2 Rucksackschließen
- roter Filzrest
- 2 Wackelaugen
- Sekundenkleber
- schwarzes Knopflochgarn

Zuschneiden:
Vorlagen 38–41 vergrößern, ausschneiden und aus den jeweiligen Stoffen zuschneiden. Für die Applikationen die Stoffe zunächst nur grob zuschneiden. Die übrigen Schnittteile wie folgt zuschneiden:
7 x 52,5 cm, obere Seitenteile, zweimal
13 x 49,5 cm, unteres Seitenteil
7 x 23 cm, Griff
7 x 30 cm, obere Schulterriemen, zweimal
7 x 35 cm, untere Schulterriemen, zweimal
Dünne Stoffe linksseitig mit fester Vlieseline® verstärken. Das Volumenvlies auf Vorder- und Rückseite sowie auf alle drei Seitenteile des Rucksacks aufbügeln.

Nähen:
Auf Vorder- und Rückseite, sowie die Seitenteile, Linien im Abstand von 2,5 cm steppen (siehe Seite 44).

Für die Ohren jeweils ein Frottee- und ein Stoffteil rechts auf rechts steppen, die schmale Kante bleibt offen. Die Ohren wenden, die Kanten bügeln. Für die Applikation das weiße Stück Baumwollstoff sowie den Frottee linksseitig mit Vliesofix® bekleben. Die Konturen der Teile übertragen und ausschneiden. Das Trägerpapier abziehen, die Schnauze auf den unteren Teil des Kopfes bügeln und mit einem kleinen, dicht eingestellten Zickzackstich entlang der oberen Kante aufnähen. Das rote Filzdreieck aufkleben und den Mund aufsticken. Anschließend das Gesicht mittig auf die Vorderseite des Rucksackes legen, die Ohren knappkantig unterschieben, das Gesicht aufbügeln und ebenfalls mit Zickzackstich aufnähen. Für den Reißverschluss (siehe Seite 44) an den beiden oberen Seitenteilen die Nahtzugaben 1 cm nach links umbügeln. Den Reißverschluss unter die Kanten stecken, heften und feststeppen, dafür das Reißverschlussfüßchen der Nähmaschine verwenden (Zeichnung 1a). Anschließend das untere Seitenteil ansetzen (Zeichnung 1b). Die Nahtzugaben nach unten bügeln.

Am Stoffteil für den Griff die Nahtzugaben an den Längsseiten 1 cm nach links umbügeln (Zeichnung 2). Die Kanten links auf links legen und von rechts feststeppen. An den Schulterriemen zunächst eine schmale Seite 1 cm nach links bügeln. Dann ebenfalls die Nahtzugaben an den langen Seiten umbügeln und nochmals zur Mitte legen. Die Riemen ringsum absteppen. Die Schulterriemen und den Griff knappkantig, laut Markierungen, am Rückteil des Rucksacks feststeppen (Zeichnung 3). Dann die zusammengenähten Seitenteile ringsum an das Vorderteil des Rucksackes stecken (die rechten Stoffseiten innen), in den Rundungen eventuell von Hand einheften und anschließend mit der Maschine feststeppen. Die Nahtzugaben zum Seitenteil hin bügeln.

Zeichnung 1, Reißverschluss + Seitenteil annähen

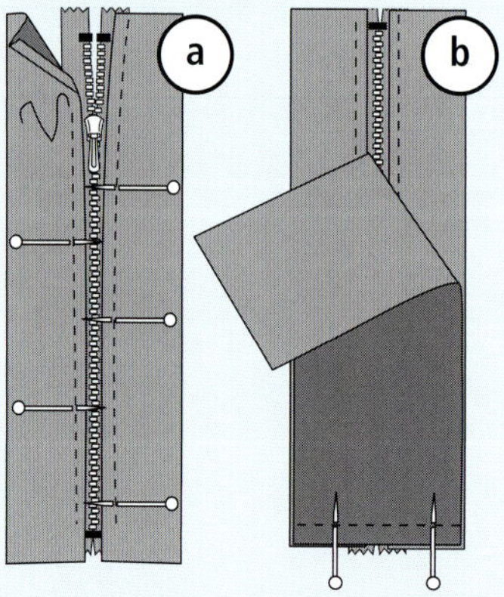

Zeichnung 2, Träger herstellen

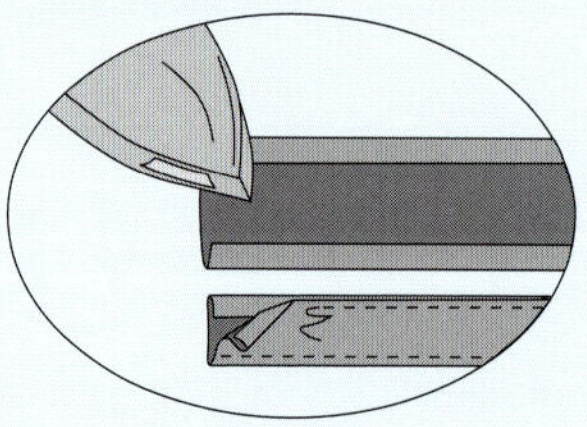

Zeichnung 3, Griff und Träger annähen

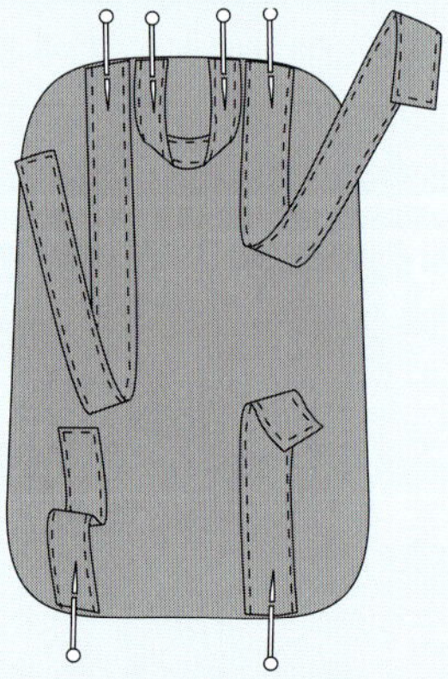

Wichtig: Zum späteren Wenden den Reißverschluss etwas öffnen. Anschließend das Seitenteil rechts auf rechts an die Rucksackrückseite nähen, die Nahtzugaben zum Seitenteil hin bügeln. Den Rucksack durch den Reißverschluss wenden.

Die Teile für das Futter wie oben beschrieben zusammennähen, lediglich beim Annähen der beiden oberen Seitenteile an das untere Seitenteil in der Mitte eine ca. 1 cm breite Lücke (Reißverschluss) offen lassen. Das Futter links auf links in den Rucksack stecken, die Kanten entlang des Reißverschlusses von Hand annähen. Die Rucksackschließen laut Packungsbeilage an die Träger steppen. Zum Schluss die Augen aufkleben.

So eine weiche, knuddelige Mäusedame liebt jedes Kind

Maus

Schwierigkeit:

◆◆

Größe:

31 cm

Vorlagen:

Seite 51

Mäusedame

MATERIAL

- 0,25 m grüner Baumwollstoff
- 0,20 m gestreifter Baumwollstoff
- 0,25 m Frottee
- Füllwatte
- grünes Schrägband nach Belieben
- schwarzes Knopflochgarn

Zuschneiden:
Vorlagen 42–50 vergrößern, ausschneiden und aus den jeweiligen Stoffen zuschneiden.

Nähen:
Die Beinöffnungen des Rumpfes auf 4,5 cm Weite einkräuseln. Dann die Frotteefüße und -hände rechts auf rechts an den Rumpf nähen. Nahtzugaben auseinander bügeln.
Vorder- und Rückenteil rechts auf rechts legen und entlang der Außenkanten aufeinander nähen, die Halsöffnung bleibt offen. Die Nahtzugaben auf 3 mm zurückschneiden. Die Ecken und Rundungen vorsichtig bis kurz vor die Nahtlinie einschneiden. Die Rumpfteile wenden, die Nahtzugaben an den Armen und Beinen sorgfältig herausdrücken. Die Maus mit Füllwatte ausstopfen.

Jeweils ein Frottee- und ein Stoffohrenteil rechts auf rechts aufeinander legen und entlang der äußeren Rundung aufeinander steppen. Die Nahtzugaben zurückschneiden, Ohren wenden und Kanten bügeln. In der Mitte des Ohrs eine kleine Falte legen und mit Nadeln feststecken (Zeichnung 1a).
Die seitlichen Kopfteile entlang der Markierung einschneiden. Die Ohren wie abgebildet (0,7 cm oben frei lassen) feststecken, die Stoffseite liegt unten (Zeichnung 1b). Ohren festnähen, dabei jeweils die Naht wie einen Abnäher schmal auslaufen lassen (Zeichnung 1c).
Beide seitlichen Kopfteile rechts auf rechts legen und die Halsnaht bis zur Spitze der Schnauze steppen. Die Nahtzugaben zurückschneiden und auseinander bügeln.
Das mittlere Kopfteil rechts auf rechts an die beiden Seitenteile nähen, die Passzeichen 1 treffen exakt aufeinander. Beide Seitenteile nur bis zur Halsnaht nähen, nicht über die Nahtzugaben hinweg. Nahtzugaben zurückschneiden, Kopf wenden und mit Füllwatte ausstopfen (Zeichnung 2). Den Kopf an der Halsöffnung in das Rumpfteil stecken, dabei den Rumpf 1 cm nach innen einschlagen. Die Halsnaht mit doppelt gelegtem Faden von Hand festnähen. Nase und Augen mit Knopflochgarn aufsticken.

Kleid:
Die Nahtzugabe des Schlitzes an den Rückenteilen versäubern, nach links umbügeln und übersteppen. Die Rockteile auf die Breite der Oberteile einkräuseln oder eine Falte einlegen. Anschließend die Rockteile rechts auf rechts an die Oberteile nähen, die Nahtzugaben nach oben bügeln. Die Schulternähte steppen, Nahtzugaben auseinander bügeln. Hals- und Armausschnitte mit Schrägband einfassen (siehe Seite 45). Nach dem Einfassen die Seitennähte schließen und zur Seite bügeln. Den Saum nach links umbügeln und feststeppen. Den Schlitz am Rücken mit angenähter Schlaufe und Knopf schließen.

Zeichnung 1, Ohr annähen

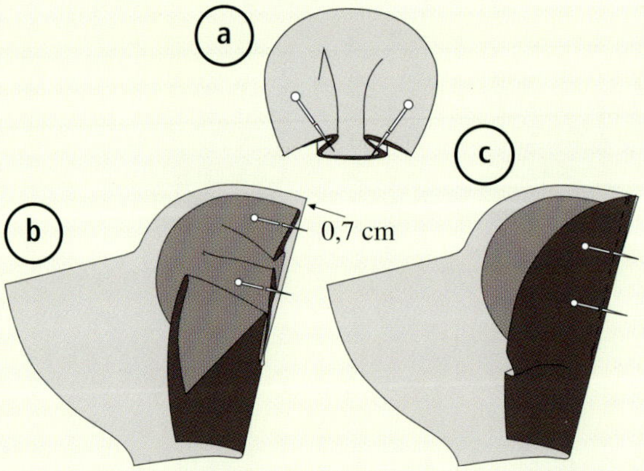

Zeichnung 2, Kopf fertig nähen

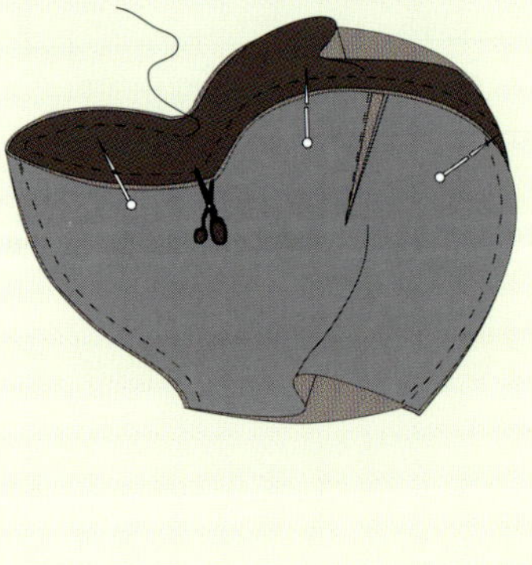

Tipp für besonders Eilige: Zahlen zum Aufnähen kann man auch fertig kaufen

Utensilo

Schwierigkeit:

◆◆

Größe:

40 x 70 cm

Vorlagen:

Seite 52 und 55

Alles schnell zur Hand

MATERIAL

- 1,00 m rosa-weiß gestreifter, fester Baumwollstoff
- 0,10 m weißer Baumwollstoff
- 0,45 m feste Vlieseline®
- 0,10 m Vliesofix®
- 40 cm breiter Kleiderbügel
- 4 Knöpfe
- weißes Knopflochgarn

Zuschneiden:
Vorlagen 51–53 vergrößern, ausschneiden und aus Stoff zuschneiden
Außerdem:
45 x 75 cm, Vorderseite/Rückseite, zweimal
3 x 10 cm, Schlaufen, viermal
7 x 20 cm, Band

Nähen:
Den Stoff für die Vorderseite mit Vlieseline® bekleben. Die Rundung des Kleiderbügels auf Vorder- und Rückseite des Utensilos übertragen. Dann die Außenkanten rechts auf rechts aufeinander nähen, dabei an einer Seite ca. 20 cm breite Öffnung zum Wenden und zum Durchschieben des Kleiderbügels offen lassen. An der Oberkante eine 1,5 cm breite Öffnung für den Haken lassen. Nahtzugaben auf 0,5 cm zurückschneiden und das Utensilo wenden. Die Ecken herausdrücken, die Kanten flach bügeln, den Kleiderbügel einschieben und die Öffnung von Hand schließen.

Taschen: Die Nahtzugabe entlang der oberen Kante 1 cm nach links umbügeln. Bei der 3er-Tasche und den großen Taschen diese Kante nochmals 2,5 cm, bei den kleinen Taschen 1 cm nach links umbügeln und feststeppen.
Die Nahtzugaben an den Längsseiten nach links umbügeln. 10 cm von der Kante entfernt eine Linie übertragen (Schemazeichnung Seite 52). Die gesamte Faltentiefe links auf links fest einbügeln (Zeichnung 1a). 2,5 cm der Falte rechts auf rechts klappen und auch diese einbügeln (Zeichnung 1b). An der gegenüberliegenden Seite wiederholen. Bei der 3er-Tasche ebenfalls die mittleren Falten laut Schnittmuster einbügeln und feststecken.

Die Lage der einzelnen Taschen und des Bandes festlegen. Zunächst die Position der oberen und unteren Taschen markieren, die mittlere Reihe entsprechend ausrichten. Alle Taschen wie folgt aufnähen: Tasche rechts auf rechts auf den Hintergrundstoff legen. Zuerst die untere Taschenkante mit 1 cm Nahtzugabe festnähen (Zeichnung 2a), die Tasche nach oben klappen und die Unterkante bügeln. Dann die seitlichen Kanten knappkantig feststeppen, wobei die Falte (Zeichnung 2b) etwas auseinander gezogen werden muss. Bei der 3er-Tasche nach dem Festnähen der Seiten die Mittelnähte durchsteppen, auch hier die Falten beim Steppen etwas auseinander ziehen. Für die Schlaufen 3 cm breite und ca. 10 cm lange Streifen zuschneiden. Diese an den Seiten ca. 0,5 cm nach links umbügeln. Anschließend das gesamte Band nochmals zur Mitte bügeln und von rechts übersteppen. Die Schlaufen zur Hälfte falten und oberhalb der Taschen feststeppen. Anschließend die Knöpfe annähen.

Band: Die Längsseiten des Bandes mit Zickzackstich versäubern. Die Nahtzugaben an den Seiten ca. 1 cm nach links umbügeln und feststeppen. Eine schmale Seite rechts auf rechts auf den Hintergrundstoff steppen. Das Band nach vorne umlegen, die gesamte Länge in unterschiedlich große Abschnitte einteilen und von rechts feststeppen. Unterkante nach links einschlagen und ebenfalls von rechts feststeppen. Nach Belieben Zahlen aus Stoff (Seite 55) linksseitig mit Vliesofix® bekleben (siehe Seite 45), mit Knopflochstich umsäumen (siehe Seite 45) und auf die Taschen bügeln.

Zeichnung 1, Taschenfalten bügeln

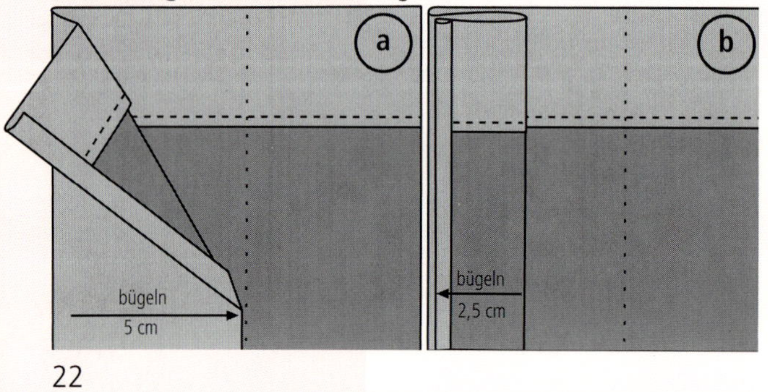

Zeichnung 2, Tasche aufnähen

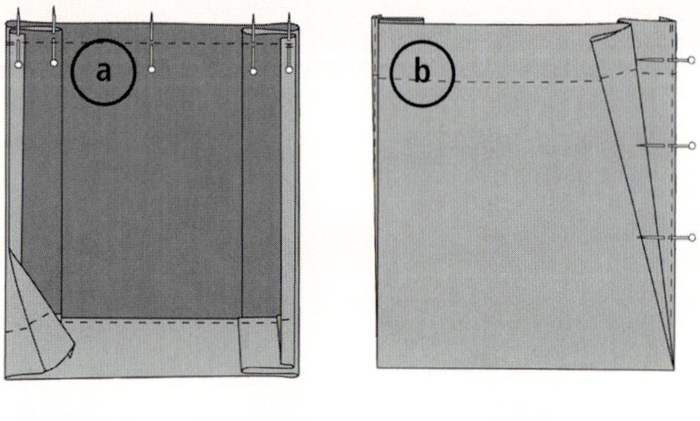

1
2
3
4
5
6
7

4-5-6.... gewonnen: Hier wird das Zahlenlernen zum Kinderspiel

Karierte Beutel
Schwierigkeit:

◆

Größe:
30 x 40 cm
Vorlagen:
Seiten 52 und 55

Zahlenwürfel
Schwierigkeit:

◆◆

Größe:
je 7 x 7 x 7 cm
Vorlagen:
Seite 55

Im Karolook

Karierte Beutel

MATERIAL für einen Beutel

- 0,50 m blauweiß karierter Baumwollstoff
- weiße Stoffreste
- Klarsichtfolie
- Sicherheitsnadel

Zuschneiden:
32 x 45 cm, Vorderseite
32 x 45 cm, Rückseite
14 x 15 cm, für Motivausschnitt, zweimal
58 x 3 cm, Tunnel
120 x 3 cm, Band

Die Blumen (Teil 36) und die Zahlen (Seite 55) für die Applikationen vergrößern, ausschneiden und nähen (siehe Seite 45). Buchstaben selbst herstellen.

Nähen:
Auf die linke Stoffseite des vorderen Wäschebeutels ein Rechteck von 8 x 9 cm zeichnen, der Abstand zur oberen Kante beträgt ca. 21 cm. Das Stoffstück für den Motivausschnitt mittig rechts auf rechts auf die Vorderseite stecken und die aufgezeichnete Kontur mit einem kleinen Stich nachsteppen. Das Rechteck in der Mitte bis auf 1 cm Nahtzugabe ausschneiden. Den Stoff in den Ecken bis zur Stepplinie schräg einschneiden. Den Stoff des Motivausschnittes nach hinten durchziehen und die Kanten sorgfältig bügeln. Nun das zweite Stück Stoff von hinten dagegen stecken und von der rechten Seite knappkantig übersteppen. Für das Fenster eine Klarsichthülle so groß wie die Stoffstücke zuschneiden. Diese beim Steppen an den beiden Außenseiten sowie an der unteren Kante mitfassen, die obere Kante nicht übersteppen. Vorder- und Rückseite rechts auf rechts aufeinander steppen, die Ecken an der unteren Kante abrunden. Die obere Kante zunächst 1 cm, anschließend nochmals 3 cm nach links einschlagen und knappkantig feststeppen.

Für den Tunnel den Stoffstreifen an allen Seiten ca. 0,5 cm nach links umbügeln und 4 cm von der oberen Kante entfernt aufsteppen, die beiden Schmalseiten offen lassen. Die Öffnung zum Durchziehen des Bandes liegt mittig auf der Vorderseite des Beutels. Das Band an allen Seiten 0,5 cm nach links umbügeln und nochmals links auf links falten und von der rechten Seite übersteppen. Das Band mit Hilfe einer Sicherheitsnadel einziehen.

Fertigstellen:
Buchstaben und Blumen aus Stoffresten zuschneiden und mit Knopflochstich umnähen (siehe Seite 45). Die Applikationen mit kleinen Handstichen festnähen.

Zahlenwürfel

MATERIAL

- 0,20 m Baumwollstoff
- 0,10 m (oder 20 x 30 cm) Filz
- 0,30 m Vlieseline®
- 0,20 m Vliesofix®
- Füllwatte

Zuschneiden:
Für jeden Würfel sechs Quadrate von 9 x 9 cm aus Stoff zuschneiden. Auf die linke Seite jeweils Vlieseline® aufbügeln. Die Zahlen (Seite 55) ausschneiden. Auf den Filz linksseitig Vliesofix® aufbügeln. Die Zahlen seitenverkehrt übertragen und ausschneiden. Auf jedes Stoffquadrat eine Zahl von 1 bis 6 mittig aufbügeln.

Nähen:
Die Quadrate rechts auf rechts steppen, dabei nicht über die Nahtzugaben hinweg nähen, Nahtzugaben auseinander bügeln. Beim seitlich einzusetzenden Quadrat exakt am Eckpunkt der vorangegangenen Naht ansetzen und bis zum nächsten Eckpunkt nähen. Alle Nähte außer der letzten schließen. Würfel wenden, mit Füllwatte ausstopfen und die Wendeöffnung von Hand schließen.

Zeichnung, Nähte

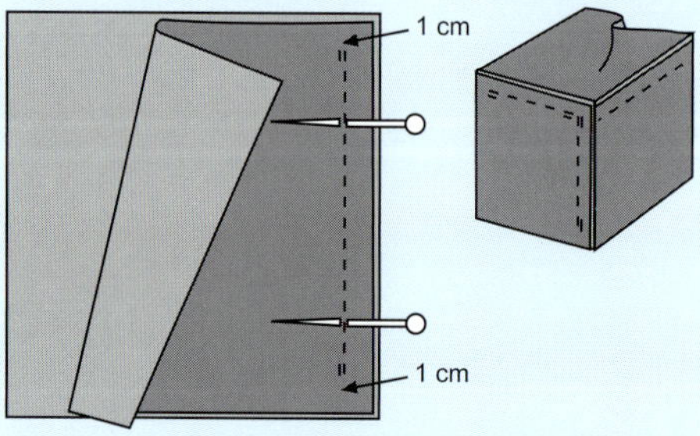

Nach „Superman" kommt „Superbär". Ein Einzug ins Kinderbett ist ihm sicher

Superbär

MATERIAL

- 0,35 m Frottee
- 0,25 m blau gepunkteter Baumwollstoff
- 0,25 m gelb gepunkteter Baumwollstoff
- 11 x 11 cm gelber Baumwollstoff
- 0,11 m Vliesofix®
- Füllwatte
- Sicherheitsnadel
- schwarzes Knopflochgarn
- 0,50 m Kordel

Zuschneiden:
Vorlagen 55–64 vergrößern, ausschneiden und aus Stoff und Frottee zuschneiden. Das Cape entsteht aus einem blauen und einem gelb gepunkteten Stoff von je 38 x 22 cm.

Nähen:
Applikation: Den gelben Stoffrest linksseitig mit Vliesofix® bekleben (noch nicht zuschneiden). Anschließend den Stoff für das Fünfeck sowie für das „B" mit Vliesofix® bekleben, die Konturen übertragen, zuschneiden und das Trägerpapier abziehen. Beide Teile auf den gelben Stoff bügeln. Erst jetzt die äußere Form des Dreiecks am gelben Stoff zurechtschneiden und auch hier das Trägerpapier entfernen. Nun die Applikation auf den Rumpf bügeln. Die offenen Schnittkanten mit einem kleinen, dicht eingestellten Zickzackstich nähen (siehe Seite 44).

Bär: Für die Füße je ein Frottee- und ein Stoffteil rechts auf rechts entlang der äußeren Rundung steppen. Die Nahtzugaben auf 3 mm zurückschneiden. Die Füße wenden, bügeln und mit Füllwatte ausstopfen. Für die Arme jeweils zwei Frotteeteile rechts auf rechts aufeinander nähen, die Nahtzugaben zurückschneiden, wenden und ebenfalls mit Füllwatte ausstopfen. Arme und Beine rechts auf rechts auf das vordere Rumpfteil stecken und 0,5 cm breit feststeppen. Dann beide Rumpfteile kantengleich rechts auf rechts feststecken und die Außenkanten aufeinander nähen. Die Halsöffnung bleibt offen, Arme und Füße werden mitgefasst. Anschließend den Körper durch die Halsöffnung wenden und mit Füllwatte ausstopfen.

Die Teilungsnaht der beiden Schnauzenteile schließen (Zeichnung 1a), Nahtzugabe knapp zurückschneiden und auseinander bügeln. Die drei Schnittteile für den Vorderkopf rechts auf rechts legen und auch diese Teilungsnähte schließen, Nahtzugaben auseinander bügeln (Zeichnung 1b). Die Schnauze mit doppelt gelegtem Nähfaden von Hand einnähen (Zeichnung 1c). Für die Ohren jeweils ein Frottee- und ein Stoffteil rechts auf rechts entlang der Außenkanten steppen, wenden und die Kanten bügeln. Die Ohren an den Markierungen innerhalb der Nahtzugabe auf dem Vorderkopf festnähen. Die beiden Hinterkopfteile rechts auf rechts steppen, die Naht zurückschneiden und auseinander bügeln. Vorder- und Hinterkopf rechts auf rechts legen und aufeinander steppen, die Ohren dabei mitfassen. Nahtzugaben auf 3 mm zurückschneiden, den Kopf wenden und mit Watte füllen. Den Kopf an der Halsöffnung in den Rumpf stecken, die Nahtzugabe des Rumpfes 1 cm nach links einschlagen (evt. Mehrweite einkräuseln) und die Halsnaht mit doppelt gelegtem Faden schließen. Augen, Schnauze und Mund mit Knopflochgarn aufsticken.

Fertigstellen:
Beide Stoffe für das Cape rechts auf rechts steppen, dabei eine ca. 7 cm große Öffnung zum Wenden offen lassen, sowie an den Schmalseiten, ca. 7 cm unterhalb der Oberkante, jeweils 1,5 cm für den Kordeldurchzug. Danach das Cape wenden und die Wendeöffnung von Hand schließen. Die Kordel mit Hilfe einer Sicherheitsnadel einziehen.

Bär

Schwierigkeit:
◆◆◆

Größe:
46 cm

Vorlagen:
Seite 53

Zeichnung 1: Gesicht nähen

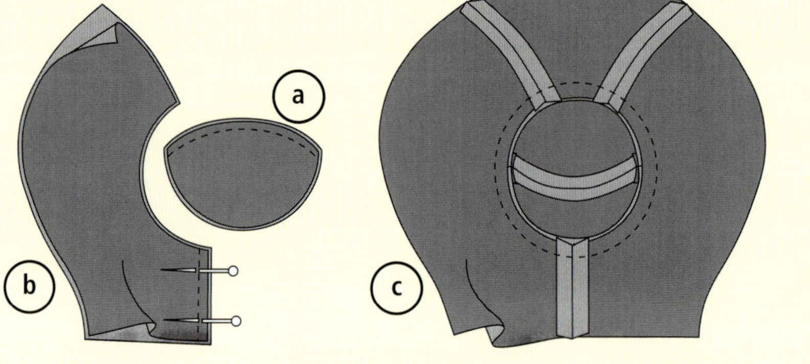

Backe, backe, Kuchen

Der lange Schnabel ist zu Kostproben in der Kinderküche stets bereit

Schürze
Schwierigkeit: ◆
Größe: ab Körpergröße 128
Vorlagen: Seite 54

Topflappen
Schwierigkeit: ◆
Größe: je 15 x 15 cm

Schürze

MATERIAL

- 0,65 m rot gemusterter Baumwollstoff
- 0,10 m orangener Baumwollstoff
- 0,15 m (oder 18 x 15 cm) Frottee
- 0,20 m Vliesofix®
- 0,25 m Vlieseline®
- 0,85 m Kordel
- zwei Wackelaugen
- Sekundenkleber
- rote Zackenlitze
- weißes Nähgarn (Kordel)

Zuschneiden:
Schürzenteile 65 und 66 und die Applikationen (Teile 67–68) vergrößern, ausschneiden und aus Stoff zuschneiden. Den Beleg als extra Schnittteil herauskopieren.
Außerdem:
8 x 65 cm, Bindebänder, zweimal
8 x 4 cm, Schlaufen, zweimal

Nähen:
Für die Applikation den Frottee linksseitig mit Vliesofix® bekleben, die Konturen des Pinguins übertragen, ausschneiden und das Trägerpapier abziehen. Für die Haare vier ca. 3,5 cm lange Kordeln drehen und die Enden verknoten. Den Pinguin ca. 6 cm von der oberen Kante entfernt, mittig auf den Schürzenzuschnitt bügeln (die Haare zwischenfassen) und mit einem kleinen, dicht eingestellten Zickzackstich aufnähen. Die beiden mit Vliesofix® beklebten und ausgeschnittenen Schnabelhälften auf ein ausreichend großes Stück Stoff applizieren und ausschneiden. Beide Schnabelteile übereinander legen und von Hand am Frottee festnähen. Die beiden Augen mit Sekundenkleber befestigen.

Für die Bindebänder die Nahtzugaben an den beiden langen, sowie an einer kurzen Seite nach links umbügeln. Anschließend die Bänder nochmals zur Hälfte links auf links bügeln und von rechts übersteppen. Die Bindebänder ca. 1,5 cm von der oberen Kante entfernt, an die linke und rechte Seite der Schürze feststecken. Die Schlaufen fertigen (siehe Seite 45) und gemäß den Markierungen an die obere Schürzenkante stecken.
Für die Schürze den mit Vlieseline® verstärkten Beleg entlang der unteren Kante zweimal knappkantig nach links einschlagen und von rechts übersteppen. Beleg rechts auf rechts auf die Schürze stecken und an den Außenkanten aufeinander nähen. Die Nahtzugaben auf ca. 3 mm zurückschneiden, den Beleg wenden und die Kanten bügeln. An den Seiten die Nahtzugaben, am Saum eine Saumbreite von 3 cm nach links umbügeln. Die Kanten feststeppen. Den angeschnittenen Beleg der Tasche nach links umbügeln und von rechts feststeppen. Die Zackenlitze über der Naht von Hand oder mit der Maschine festnähen. Die Nahtzugaben an den Außenkanten nach links umbügeln. Die Tasche auf die Schürze stecken (der Pinguin ist ca. 2 cm verdeckt) und knappkantig von rechts aufnähen. Die Kordel durch die Schlaufen der Schürze ziehen und die Enden miteinander verknoten.

Topflappen

MATERIAL

- 0,16 m rot gemusterter Baumwollstoff
- 0,16 m aufbügelbares Volumenvlies

Zuschneiden:
16 x 16 cm, roter Stoff, viermal
16 x 16 cm, Volumenvlies, zweimal
4 x 12 cm, rote Aufhängeschlaufen, zweimal

Nähen:
Das Volumenvlies auf zwei Topflappenhälften bügeln. Die Schlaufen fertigen (siehe Seite 45), zur Hälfte falten und auf die rechte Stoffseite, in eine Ecke des Topflappens mit Nadeln feststecken. Anschließend jeweils ein verstärktes und ein nicht verstärktes Topflappenteil rechts auf rechts stecken und die Ecken mit Hilfe einer Tasse o. ä. rund zeichnen und abschneiden. Kanten aufeinander steppen, dabei eine ca. 8 cm große Wendeöffnung lassen. Nahtzugaben auf ca. 3 mm zurückschneiden. Nach dem Steppen den Topflappen wenden, Kanten bügeln und die Öffnung von Hand schließen.

Unter den Schleifen sind Druckknöpfe verborgen

Puppenschlafanzug

Schwierigkeit:

◆◆

Größe:

ca. 45 cm

Vorlagen:

Seite 54 und 55

Schlaf gut!

MATERIAL

- 0,50 m Baumwollstoff
- 0,60 m Zackenlitze
- 0,30 m Gummiband
- 3 Nähdruckknöpfe
- Sicherheitsnadel

Zuschneiden:
Vorlagen 69–72 vergrößern und aus Stoff zuschneiden. Belege extra kopieren (Beschriftung beachten)
Schleifen: 12 x 6 cm, zweimal

Nähen:
Oberteil: Die Vorderteile rechts auf rechts auf das Rückenteil legen, die Schulternähte steppen und die Nahtzugaben auseinander bügeln. Den angeschnittenen Beleg der Ärmel 1 cm nach links umbügeln und von rechts füßchenbreit übersteppen. Schulterpunkte markieren. Ärmelmitte rechts auf rechts auf die Schulternaht stecken. Den Rest des Ärmels ins Armloch stecken, heften und mit Maschine einnähen. Die Nahtzugaben in Richtung der Ärmel bügeln. Dann die Ärmelnaht und Seitennaht schließen, Nahtzugaben auseinander bügeln. Den Rückteilbeleg rechts auf rechts an die Vorderteilbelege steppen (Zeichnung). Die Nahtzugaben auseinander bügeln. Nun die Belege rechts auf rechts an die Außenkanten des Schlafanzuges stecken und die Kanten aufeinander nähen. Die Nahtzugaben auf 3 mm zurückschneiden, die Rundungen bis kurz vor die Stepplinie einschneiden. Die Belege nach innen wenden, die Kanten bügeln. Den Saum 1 cm nach links umbügeln und füßchenbreit absteppen. Die Zackenlitze zur Hälfte unter die Ausschnittkanten heften und von rechts feststeppen. Die Druckknöpfe von Hand annähen, die fertigen Schleifen (siehe Seite 45) am rechten Vorderteil befestigen.

Hose: Zunächst je ein vorderes und ein rückwärtiges Hosenteil rechts auf rechts legen und die äußere Beinnaht steppen. Die Nahtzugaben auseinander bügeln. Den Saum zweimal knappkantig nach links einschlagen und übersteppen. Dann die innere Beinnaht schließen, Nahtzugaben auseinander bügeln. Ein Hosenbein auf links wenden und rechts auf rechts in das andere Hosenbein schieben. Gesäßnaht steppen und Nahtzugaben auseinander bügeln. Die Oberkante der Hose für den Gummizug 1,5 cm nach links umbügeln und knappkantig feststeppen, dabei am Ende eine ca. 2 cm große Öffnung zum Einziehen des Gummibandes offen lassen. 27 cm Gummiband durch Zuhilfenahme einer Sicherheitsnadel einziehen, Anfang und Ende durch Übersteppen mit der Nähmaschine miteinander verbinden.

Zeichnung, Belege nähen

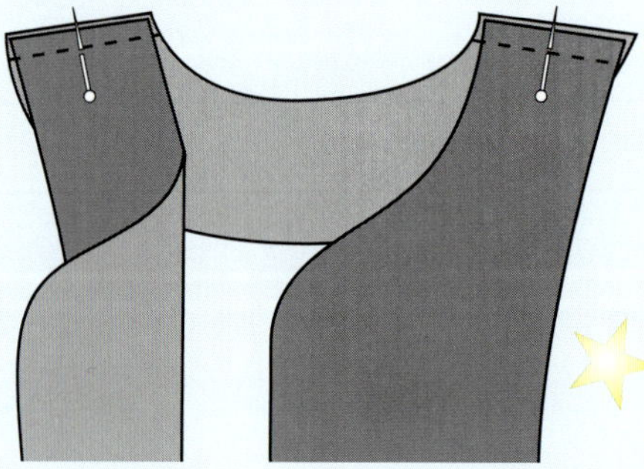

TIPP

Sie können die Zackenlitze mit kleinen Handstichen auf die Außenkante des Schlafanzugoberteils nähen. Das ist einfacher, als sie an der Kante zu hinterlegen. Auch die Schleifen sind durch fertige Bänder ersetzbar (Baumwollband, Schleifenband). Das erspart Zeit.

Ein herziger Schlafsack für süße Puppenträume

Puppenschlafsack
Schwierigkeit:
◆◆
Größe:
40 x 28 cm
Vorlagen:
Seite 56

Puppenbettwäsche
Schwierigkeit:
◆
Größe:
Kissen 19 x 26 cm,
Decke 40 x 28 cm

Schöne Träume

Puppenschlafsack

MATERIAL

- 0,45 m Baumwollstoff
- 0,45 m Frottee
- 0,80 m rote Zackenlitze
- 6 cm Klettverschluss
- Label zum Aufnähen

Zuschneiden:
Vorlagen 73–75 vergrößern, ausschneiden, an der Zusammensetzlinie zusammenkleben und aus den Stoffen zuschneiden. Für das Futter alle Schnittteile auch aus Frottee zuschneiden. Schleifen: 6 x 10 cm

Nähen:
Das Vorder- und Rückteil des Schlafsackes rechts auf rechts aufeinander legen und die Naht, am linken Armausschnitt beginnend, entlang der unteren Kante bis hin zum rechten Armausschnitt schließen. Nahtzugaben auseinander bügeln und in den Rundungen einschneiden. Diesen Arbeitsgang am Frotteeschlafsack ebenfalls durchführen, aber hier an der unteren Kante eine ca. 15 cm große Wendeöffnung lassen. Anschließend beide Schlafsäcke rechts auf rechts ineinander ziehen und die Kanten entlang des Arm- und Halsausschnittes aufeinander steppen. Die Nahtzugaben nach dem Nähen auf 3 mm zurückschneiden, die Rundungen vorsichtig bis zur Nahtlinie einschneiden. Die Ecken am oberen Vorderteil werden schräg abgeschnitten. Die beiden Schlafsackteile durch die Öffnung wenden, die Schulternähte vorsichtig herausdrücken. Die Öffnung am Frotteeschlafsack von Hand schließen. Die Kanten flachbügeln. Die Litze ca. 4 cm unterhalb des Armausschnittes feststecken und von Hand oder mit der Maschine festnähen. Am Halsausschnitt des Vorderteils die Litze direkt an der Kante festnähen. Das Label von Hand annähen oder aufbügeln. Die 3 cm langen Stücke Klettband (siehe Schnittbogen) aufsteppen. Die Schleifen nähen (siehe Seite 45). Um die Mitte jeder Schleife ein kleines Stück Litze legen und die Schleifen von Hand festnähen.

Puppenbettwäsche

MATERIAL

- 0,30 m gelb-weiß karierter Baumwollstoff
- 0,45 m weißer Baumwollstoff
- 1,20 m rote Zackenlitze
- Füllwatte
- Label zum Aufnähen

Zuschneiden:
Decke:
26 x 29 cm gelb-weiß, Vorderseite
14 x 29 cm gelb-weiß, Vorderseite
7 x 29 cm weiß, Einsatz
43 x 29 cm weiß, Rückseite
Kissen:
10 x 29 cm gelb-weiß, Vorderseite, zweimal
7 x 29 cm weiß, Einsatz
23 x 29 cm, gelb-weiß, Rückseite

Nähen:
Die weißen Mittelstreifen rechts auf rechts an die jeweiligen gelb-weißen Teile steppen. Die Nahtzugaben auseinander bügeln. Die Zackenlitze über die Teilungsnähte stecken, von Hand annähen oder mit der Maschine aufsteppen. Anschließend die rückwärtigen Schnittteile für das Kopfkissen sowie für die Bettdecke rechts auf rechts auf die Vorderteile steppen, dabei eine 10 cm große Wendeöffnung lassen. Nach dem Nähen die Teile wenden, die Ecken sorgfältig herausdrücken und die Kanten bügeln. Kissen und Bettdecke mit Füllwatte ausstopfen und die Öffnungen von Hand zunähen.

TIPP

Anstelle der Herzen können Sie jedes beliebige Motiv fertig als Label kaufen und aufnähen.

Diese Kegelkönigin lässt sich gerne umwerfen

Eins, zwei, drei...

Kegelspiel mit Ball

Schwierigkeit:

◆◆

Größe:

je 30 cm

Vorlagen:

Seite 57

MATERIAL

- 0,30 m einfarbiger Baumwollstoff
- 0,40 m gepunkteter Baumwollstoff
- 0,40 m gestreifter Baumwollstoff
- 10 x 10 cm Frottee
- 0,50 m aufbügelbares Volumenvlies
- 0,15 m Vliesofix®
- 0,15 m sehr feste Vlieseline®
- 3,00 m Kordel
- 5 Styropor-Kegel von 9 x 21 cm
- 5 dünne Pfeifenputzer, 7-8 cm (Tabakladen)
- Klebstoff
- Füllwatte
- 3 Stoffrosen
- schwarzes Knopflochgarn

Zuschneiden:
Vorlagen 76–80 vergrößern und ausschneiden. Pro Kegel Schnittteil Nr. 76 je zweimal gestreift und zweimal gepunktet zuschneiden. Alle Kegel- und Ballschnittteile linksseitig mit Volumenvlies verstärken. Den Stoff für die Zahlen, die Krone und die Zöpfe zunächst nur grob zuschneiden und von links mit sehr fester Vlieseline® bekleben. Anschließend nochmals Vliesofix® auf die Vlieseline® kleben. Dann die Schablone seitenverkehrt auflegen, die Konturen nachzeichnen und die Teile sorgfältig ausschneiden. Für die Capes werden zwei Stoffstücke von 15 x 25 cm benötigt.

Nähen:
Die vier Schnittteile für die Kegel jeweils rechts auf rechts aneinander nähen und die Nahtzugaben auseinander bügeln. Unterkante 1 cm nach innen einschlagen und von rechts übersteppen. Die Stoffform mit etwas Kraft über den Kegel ziehen, bis die untere Styroporkante nicht mehr zu sehen ist. Von den Zahlen das Trägerpapier abziehen und auf ein rechteckiges, ebenfalls mit Vlieseline® verstärktes Stoffstück bügeln, die rechten Stoffseiten liegen außen. Die Zahlen applizieren (siehe Seite 44), nur die Unterkante der Zahl bleibt offen (Einschuböffnung für den Pfeifenputzer). Die Zahlen mit einer scharfen Schere ringsum ausschneiden. Den Pfeifenputzer 3–4 cm tief in die untere Öffnung schieben, von Hand oder mit der Maschine festnähen. Mit einem dicken Nagel oder einer Stricknadel ein tiefes Loch in die Spitze des Kegels drücken. In die Öffnung Klebstoff einträufeln, den Pfeifenputzer bis zur Stoffkante einschieben und Klebstoff trocknen lassen.

Für den Kopf der „Königin" von allen Schnittteilen das Trägerpapier abziehen und ca. 1 mm überlappend auf ein mit Vlieseline® verstärktes Stoffstück bügeln. Die rechten Stoffseiten liegen außen. Das Gesicht applizieren (siehe Seite 44), die untere Kante (Hals) bleibt offen. Nach dem Nähen den überstehenden Stoff ringsum mit einer scharfen Schere abschneiden und den Kopf mit Füllwatte ausstopfen. Augen, Nase und Mund mit Knopflochgarn aufsticken, die Stoffrosen annähen. Die Halsöffnung über den Styroporkegel ziehen und mit einigen Handstichen an die Kegelhülle nähen.

Für das Cape die beiden Stoffstücke rechts auf rechts aufeinander steppen, dabei ca. 7 cm zum Wenden und an den Schmalseiten, ca. 4 cm unterhalb der oberen Kante, jeweils 1,5 cm für den Kordeldurchzug offen lassen. Nach dem Steppen das Cape wenden und die Öffnung von Hand zunähen. Die Kordel mit Hilfe einer Sicherheitsnadel einziehen.

Ball: Die vier Schnittteile rechts auf rechts aneinander nähen. Immer nur von Nahtpunkt zu Nahtpunkt nähen, nicht über die Nahtzugaben hinweg. Bei der letzten Naht eine ca. 5 cm große Öffnung zum Ausstopfen lassen. Ballhülle wenden und mit Füllwatte stopfen. Wendeöffnung von Hand zunähen.

Zeichnung, Ball nähen

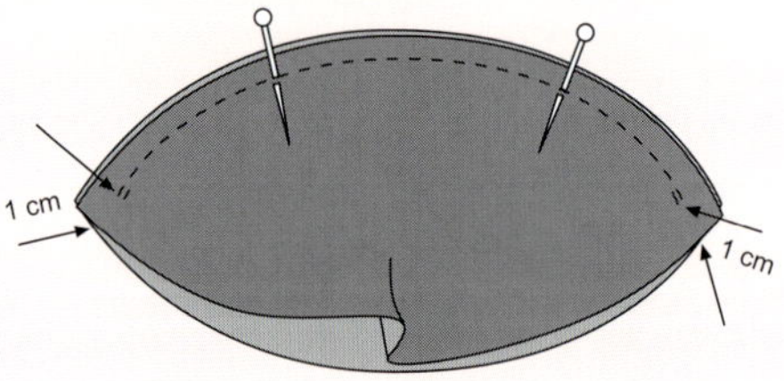

4
1
3
2

Der Inhalt der Tasche wird von dem kleinen Hund gut bewacht

Flaschenbeutel
Schwierigkeit:
◆◆
Größe:
25 cm
Vorlage:
Seite 56

Tasche mit Hund
Schwierigkeit:
◆
Größe:
18 x 30 cm
Vorlage:
Seite 52

Gut aufbewahrt

Flaschenbeutel

MATERIAL

- 0,20 m blauweiß karierter Baumwollstoff
- 0,20 m aufbügelbares Volumenvlies
- 2,10 m helle Baumwollkordel
- Sicherheitsnadel

Zuschneiden:
Boden (Vorlage 82) vergrößern und aus Stoff und Volumenvlies zuschneiden.
26 x 10 cm, unteres Teil, Stoff und Volumenvlies
26 x 15 cm, mittleres Teil, Stoff und Volumenvlies
26 x 11 cm, oberes Teil, Stoff
8 x 3,5 cm, Schlaufen, zweimal

Nähen:
Volumenvlies auf die jeweiligen Schnittteile bügeln und den Stoff von rechts mit Linien im Abstand von 1,5 cm absteppen (siehe Seite 44). Anschließend unteres und mittleres Beutelteil rechts auf rechts aneinander nähen und einen links auf links gebügelten, 3,5 cm breiten Schrägstreifen mitfassen. Die Nahtzugaben zu einer Seite bügeln. Zwei Kordelschlaufen (siehe Seite 45) fertigen. Die eine Schlaufe in die Mitte des unteren Beutelteils, die andere auf gleicher Höhe am mittleren Beutelteil feststecken (Zeichnung).

Das obere Beutelteil ansetzen und die Nahtzugaben nach oben bügeln. Das untere Beutelteil rechts auf rechts an den Boden steppen, die Nahtzugaben vom Bodenteil weg bügeln. Anschließend die noch offene Längsnaht des Beutels schließen, die Nahtzugaben auf 1 cm zurückschneiden und auseinander bügeln. Am oberen Beutelteil etwa 2 cm von der Schlaufe und ca. 6 cm von der oberen Kante entfernt zwei quer liegende Knopflöcher für den Kordeldurchzug einarbeiten. Das obere Beutelteil zur Hälfte links auf links bügeln und feststeppen. Zum Schluss einen 2 cm breiten Tunnel entlang der oberen Kante steppen und die Kordeln einziehen.

Tasche mit Hund

MATERIAL

- 0,45 m blauweiß karierter Baumwollstoff
- 0,45 m weißer Frottee
- 14 x 12 cm Vliesofix®
- schwarzes Knopflochgarn

Zuschneiden:
32 x 45 cm Baumwollstoff
32 x 45 cm Frottee
14 x 12 cm Frottee (Applikation)
3,5 x 20 cm, Bänder, viermal

Nähen:
Für die Applikation (Vorlage 81) das kleine Stück Frottee linksseitig mit Vliesofix® bekleben. Die Kontur des Hundes seitenverkehrt auf Vliesofix® übertragen, ausschneiden und ca. 3 cm von der unteren Stoffkante auf den Baumwollstoff applizieren (siehe Seite 44). Innen- und Außenseite der Tasche rechts auf rechts legen, ringsum verstürzen, dabei eine ca. 10 cm große Öffnung zum Wenden lassen. Die Nahtzugaben auf 3 mm zurückschneiden, die Ecken schräg abschneiden. Die Tasche wenden und die Kanten bügeln. Die Öffnung mit kleinen Handstichen zunähen. Unterkante der Tasche 13 cm weit nach oben umschlagen, die Frotteeseiten liegen aufeinander. Anschließend die äußeren Kanten entlang des umgeschlagenen Bereichs mit einem Zickzackstich oder einem anderen Zierstich übernähen. Nahtanfang und -ende gut sichern.

Fertigstellen:
Die Bänder (siehe Seite 45) 3 cm von den äußeren Kanten entfernt annähen und zu Schleifen binden. Schnauze und Augen des Hundes mit dem Knopflochgarn aufsticken.

Zeichnung,
Schlaufen an Flaschenbeutel nähen

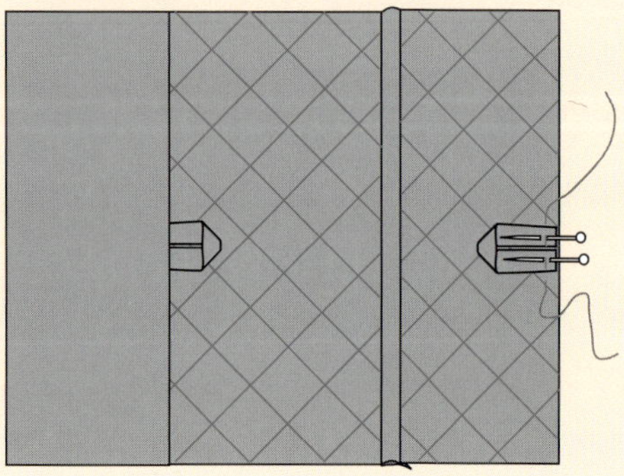

NUK

Ladylike

Grüne Filztasche

Schwierigkeit:

◆

Größe:
31 x 37 cm

Vorlagen:
Seite 58

Zeichnung, Griffe annähen

MATERIAL

- 0,55 m grüner Filz
- 0,15 m rosa Filz
- 0,40 m Vlieseline®
- 0,70 m Zierband

Zuschneiden:
Vorlagen 83–85 vergrößern, ausschneiden und aus Filz zuschneiden
Taschenteile, Filz, zweimal
4 x 35 cm, Griffe, viermal
Filzblume: einmal rosa, einmal grün

Nähen:
Die Filztasche besteht aus einer inneren und einer äußeren Tasche. Zur Stabilisierung entweder auf die innere oder die äußere Tasche Vlieseline® aufbügeln. Dann die vordere und hintere Taschenhälfte rechts auf rechts zusammennähen, die Nahtzugaben auseinander bügeln. Diesen Arbeitsschritt für innere und äußere Tasche durchführen. Anschließend jeweils den Boden rechts auf rechts an die Taschen nähen. Dazu die Nahtpunkte für die Seitennähte an den Schnittteilen für den Boden (siehe Schnittbogen) markieren. Nahtzugaben in die Tasche bügeln. Nun die beiden Hälften für die Griffe links auf links stecken und die Außenkanten mit einem Zickzackstich aufeinander nähen.
An Innen- und Außentasche die Nahtzugaben der oberen Kante nach innen bügeln. Anschließend die Taschen links auf links ineinander schieben, die Griffe mit Nadeln fixieren (Position siehe Vorlagenseite) und die obere Taschenkante knappkantig absteppen. Die Blumen zuschneiden und mit kleinen Handstichen auf die Vorderseite der Tasche, sowie das Zierband entlang der Oberkante annähen.

Sehr elegant

MATERIAL

- 0,25 m Stoff mit Ballerinamotiv
- 0,25 m rosa Baumwollfutter
- 0,25 m dünnes Volumenvlies
- 0,95 m Kordel
- Glöckchen

Zuschneiden:
Vorlage 89 für die Taschenklappe vergrößern und ausschneiden
74 x 25 cm Ballerinastoff
74 x 25 cm Futterstoff
74 x 25 cm Volumenvlies

Nähen:
Auf den Baumwollstoff für die Außenseite linksseitig Volumenvlies aufbügeln. Mit Hilfe des Kantenlineals im Abstand von ca. 2,5 cm Linien steppen (siehe Seite 44). Anschließend den Außen- und Innenstoff der Tasche rechts auf rechts legen und die Schablone der Klappenkante feststecken. Beide Taschenhälften aufeinander steppen, an einer geraden Kante eine ca. 10 cm lange Öffnung zum Wenden lassen. Danach die Nahtzugaben auf 3 mm zurückschneiden und die Rundungen der Taschenklappe vorsichtig einschneiden. Tasche wenden, die Rundungen herausdrücken. Die Kanten bügeln und die Öffnung von Hand zunähen. Den unteren Teil der Tasche 27 cm weit nach oben hochklappen und die Kanten aufeinander nähen. Nahtanfang und -ende sorgfältig verriegeln. Die Kordelenden zusammenknoten. Die Kordel unterhalb der Taschenklappe von Hand festnähen. Das Glöckchen an die Taschenklappe nähen.

Ballerinatasche

Schwierigkeit:
◆

Größe:
23 x 28 cm

Vorlage:
Seite 57

Auch Perlen und Pailletten könnten diese hübsche Tasche verzieren

Eine runde Sache

Stepptasche

MATERIAL

- 0,55 m rosa Baumwollstoff
- 0,40 m Baumwollfutter
- 0,40 m Volumenvlies
- 2,50 m Zackenlitze
- 20 cm Reißverschluss
- Label zum Aufnähen

Zuschneiden:
Schnittteil 86 für Vorder- und Rückseite sowie Teil 87 für das obere Mittelteil zuschneiden.
8 x 85 cm, unteres Mittelteil
5,5 x 82 cm, Schulterriemen, zweimal.

Nähen:
Auf die Vorder- und Rückseite und auf die Mittelteile linksseitig Volumenvlies aufbügeln. Stepplinien im Abstand von 1,5 cm nähen (siehe Seite 44). An den oberen Mittelteilen die Nahtzugaben entlang einer Längsseite nach links umbügeln, ggf. heften. Den Reißverschluss unter die umgebügelten Kanten stecken, die Reißverschlusszähne bleiben sichtbar (Zeichnung), Gesamtbreite 8 cm (Breite unteres Mittelteil). Reißverschluss einsteppen. Das untere Mittelteil rechts auf rechts an eine Seite des oberen Mittelteils nähen. Vorder- und Rückseite der Tasche ringsum rechts auf rechts an die Mittelteile stecken. Zuerst die exakte Länge der Mittelteile markieren, dann die zweite Teilungsnaht schließen.

Zeichnung, Reißverschluss einnähen

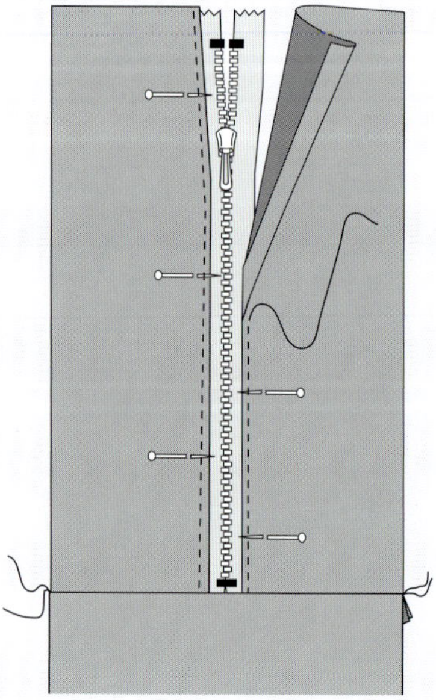

Überschüssige Länge des Mittelteils bis auf 1 cm zurückschneiden, die Nahtzugaben zum unteren Mittelteil hin bügeln. Die beiden äußeren Nähte steppen, die Nahtzugaben ins Mittelteil bügeln. Das Futter ebenso nähen, dabei für den Reißverschluss eine Lücke von ca. 1 cm lassen. Beide Taschen links auf links ineinander ziehen, das Futter am Reißverschluss nach links einschlagen und von Hand annähen. An den beiden Schulterriemen die Nahtzugaben an den Längsseiten nach links umbügeln, beide Teile links auf links stecken und die Zackenlitze zwischenfassen. Den Schulterriemen entlang der Außenkanten knappkantig übersteppen und links und rechts des Reißverschlusses, am oberen Mittelteil festnähen. Die Zackenlitze von Hand auf die Vorderseite der Tasche nähen. Das Label aufbügeln oder von Hand annähen.

Geldbörse

MATERIAL

- 0,17 m Baumwollstoff
- 0,17 m feste Vlieseline®
- 0,50 m Zackenlitze
- 16 cm Reißverschluss
- Label zum Aufnähen

Zuschneiden:
Vorlage 88 vergrößern, viermal in Stoff, zweimal in Vlieseline® zuschneiden

Nähen:
Vorder- und Rückseite mit Vlieseline® bekleben. Stepplinien im Abstand von 1,5 cm nähen (siehe Seite 44). Den Reißverschluss an die Taschenteile steppen (einstürzen, siehe Seite 45), dazu die Vorderseite des Reißverschlusses und die rechte Stoffseite aufeinander legen. Nach dem Einnähen die Kanten bügeln und den Rest der Naht schließen. Diese Naht ebenfalls am Futter steppen. Die Kordel in die Öffnungen an Anfang und Ende des Reißverschlusses schieben und von Hand annähen. Beide Taschenteile links auf links ineinander schieben und den Futterstoff an das Reißverschlussband säumen. Das Label aufbügeln oder annähen. Die Zackenlitze ringsum feststecken, im unteren Bereich zu einer Schleife binden und ansäumen.

Stepptasche

Schwierigkeit: ◆◆

Größe: 23 cm

Vorlagen: Seite 58 und 59

Geldbörse

Schwierigkeit: ◆◆

Größe: 13 cm

Vorlage: Seite 59

In dieses Band wird die Kordel eingezogen

Rot-weiß karierte Beutel

Schwierigkeit:

◆

Größe:

großer Beutel ca. 40 cm hoch, kleiner Beutel ca. 20 cm hoch

Vorlagen:

Seite 59

Rot und Weiß

MATERIAL

Großer Beutel:
- 0,30 m rot-weiß karierter Baumwollstoff
- 0,50 m weißer Baumwollstoff
- 0,25 m feste Vlieseline®
- 0,25 m Volumenvlies
- 1,20 m Kordel
- Label zum Aufnähen

Kleiner Beutel:
- 0,20 m rot-weiß karierter Baumwollstoff
- 0,20 m weißer Baumwollstoff
- 0,15 m feste Vlieseline®
- 0,20 m Volumenvlies
- 0,90 m Kordel
- Label zum Aufnähen

Zuschneiden:

Die Angaben in Klammern beziehen sich auf den kleinen Beutel.

Für den Boden Teil 90 bzw. 91 vergrößern, aus Stoff zuschneiden, linksseitig Vlieseline® aufbügeln.

Die folgenden Angaben sind zunächst nur Grobmaße, die genauen Längen werden durch späteres Ausmessen ermittelt:

ca. 76 x 23 cm (52 x17 cm) unteres Beutelteil, karierter Stoff und Volumenvlies

ca. 76 x 46 cm (52 x 18 cm) oberes Beutelteil, weißer Baumwollstoff

72 x 6 cm (48 x 6 cm) Kordeldurchzug, karierter Stoff

Nähen:

Volumenvlies auf die linke Stoffseite des unteren, karierten Beutelteils aufbügeln. Von der rechten Seite mit Hilfe eines Kantenlineals im Abstand von 4 cm Linien steppen (siehe Seite 44). Dieses Schnittteil offen an den Boden nähen, anschließend die Quernaht steppen. Den überschüssigen Stoff auf 1 cm Nahtzugabe zurückschneiden. Die Nahtzugaben auseinander bügeln.

Soll der Beutel gefüttert werden, die beiden vorangegangenen Arbeitsgänge wiederholen und die oberen Kanten miteinander verstürzen. Beim ungefütterten Beutel wird die Oberkante 2 cm nach links umgebügelt. Danach Umfang des unteren Beutels entlang der umgebügelten Kante ausmessen. (Von innen messen, denn dieser Wert zuzüglich 2 cm Nahtzugabe wird für den Zuschnitt des oberen Beutelteils benötigt). Nach dem Ausmessen das Schnittteil exakt zuschneiden, die Höhe (46 bzw. 18 cm) bleibt bestehen. Nun die Quernaht steppen und die Nahtzugaben auseinander bügeln. Das Teil zur Hälfte links auf links bügeln und an den unteren Beutel stecken, so dass die umgebügelte bzw. verstürzte Kante des karierten Stoffs den weißen Stoff ca. 2 cm weit bedeckt. Anschließend den Beutel entlang der umgebügelten/verstürzten Kante füßchenbreit absteppen. Den Tunnel an allen Seiten nach links umbügeln und ca. 6 cm (1,5 cm) von der oberen Kante entfernt, nur an den Längsseiten aufsteppen. Die Kordel mit Hilfe einer Sicherheitsnadel einziehen. Das Label aufbügeln oder von Hand annähen.

TIPP

Passen Sie die Breite des Bandes an die Stärke der Kordel an, damit sie sich leicht in den Tunnel einziehen lässt.

Kleine Nähschule

1. Wie nähe ich einen runden Boden ein?

Beim Annähen eines rechteckigen Schnittteils an ein rundes Teil (z.B. Einsetzen eines Bodens in einen Beutel oder Annähen eines geraden Mittelteils an zwei runde Seitenteile), habe ich beim Rechteck einige Zentimeter Spielraum in der Länge des Schnittteils eingeplant. Es ist relativ schwierig, ein bereits zum Ring geschlossenes Schnittteil faltenfrei und exakt an die äußere Kante eines runden Schnittteils zu nähen. Nur wenige Millimeter Abweichungen in der Länge dieser Schnittteile führen zu Falten in einem der beiden Teile. Nähen Sie das Rechteck also zunächst offen an das runde Schnittteil. D.h. Sie schließen das Rechteck nicht gleich zum Ring (!), sondern stecken und nähen es zuerst am Boden fest. Beim Nähen liegt das rechteckige Teil oben. Beginnen und enden Sie am Eckpunkt der Naht. Erst jetzt schließen Sie die gerade Naht am rechteckigen Teil, schneiden die Nahtzugaben auf 1 cm zurück und bügeln die Naht auseinander.

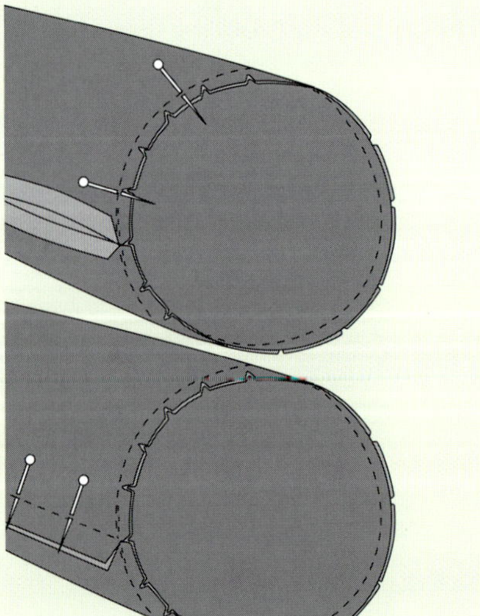

2. Wie nähe ich einen Reißverschluss ein?

Zum Einnähen eines Reißverschlusses sollten Sie ein spezielles Reißverschlussfüßchen benutzen. Die Nahtzugabe wird am entsprechenden Schnittteil 1 cm nach links umgebügelt, der Reißverschluss dann sichtbar darunter gelegt, eingeheftet und anschließend festgesteppt (Zeichnung a). In manchen Fällen wird der Reißverschluss auch eingestürzt. Legen Sie dazu das Schnittteil rechts auf rechts auf eine Hälfte des Reißverschlusses und heften Sie diesen fest. Steppen Sie ihn dann von der Reißverschlussseite her ein. Nach dem Einnähen den Stoff hochklappen und die Kante flach bügeln (Zeichnung b).

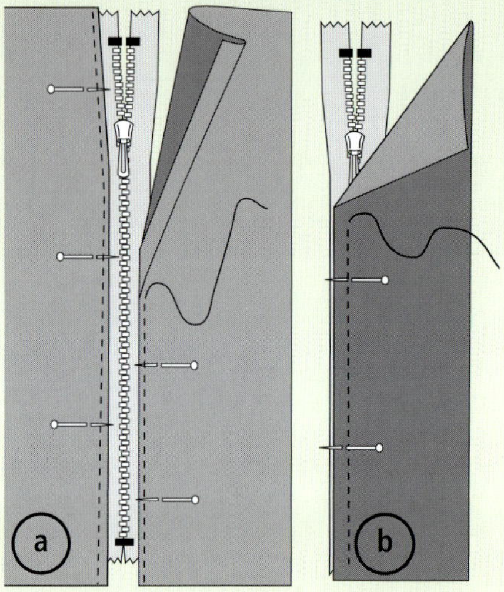

3. Wie stelle ich einen Steppstoff her?

Falls Sie für ein Modell nicht den gewünschten Steppstoff finden, können Sie ihn leicht selbst herstellen. Sie benötigen dazu zu Ihrem Stoff die gleiche Menge aufbügelbares Volumenvlies (Vlieseline® H 630 oder H 640) und ein Kantenlineal, welches an Ihrer Nähmaschine befestigt wird (Zubehör). Schneiden Sie die Schnittteile für Ihr Modell zunächst nur grob zu und bekleben Sie sie deckungsgleich von der linken Seite mit Volumenvlies (siehe Herstellerangaben, Bügeltuch benutzen). Nach dem Übersteppen schneiden Sie den Stoff exakt zu. Markieren Sie mit Schneiderkreide den Fadenlauf. Mit einem Geodreieck wird in einem Winkel von 45° zum Fadenlauf in der Mitte des Schnittteils die erste schräge Linie eingezeichnet und von rechts mit der Nähmaschine abgesteppt. Steppen Sie parallel zu dieser Linie weitere schräge Linien ein, der Abstand sollte ca. 2 bis 3 cm betragen. Sind alle Linien für eine Richtung fertig gesteppt, zeichnen Sie zu einer mittig liegenden Naht eine Linie im Winkel von 90° dazu ein. Steppen Sie diese ebenfalls von rechts. Alle folgenden Steppnähte verlaufen parallel dazu.

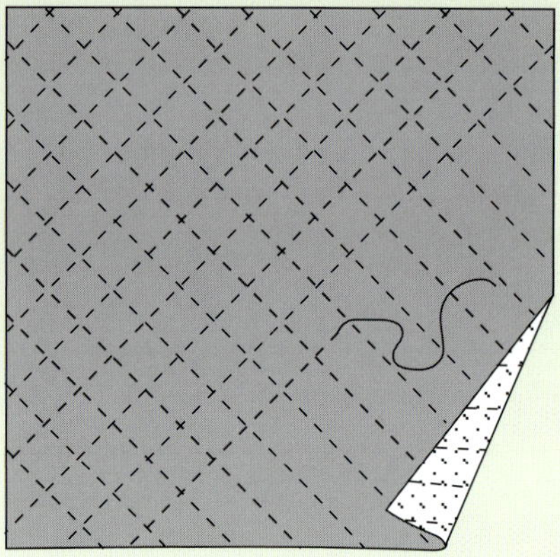

4. Wie verstürze ich Schnittteile miteinander?

Beim Verstürzen legen Sie die entsprechenden Schnittteile rechts auf rechts, die Kanten werden mit Nadeln festgesteckt. Steppen Sie dann die beiden Teile ringsum fest, lassen Sie dabei aber eine Öffnung zum Wenden. Nach dem Nähen schneiden Sie die Nahtzugaben auf 3–4 mm zurück. Die Ecken der Nahtzugabe werden bis zur Stepplinie vorsichtig mit einer Schere eingeschnitten, an Rundungen werden kleine Dreiecke herausgeschnitten. Wenden Sie dann das Teil, drücken Sie die Kanten mit einer Schere heraus und bügeln Sie von rechts.

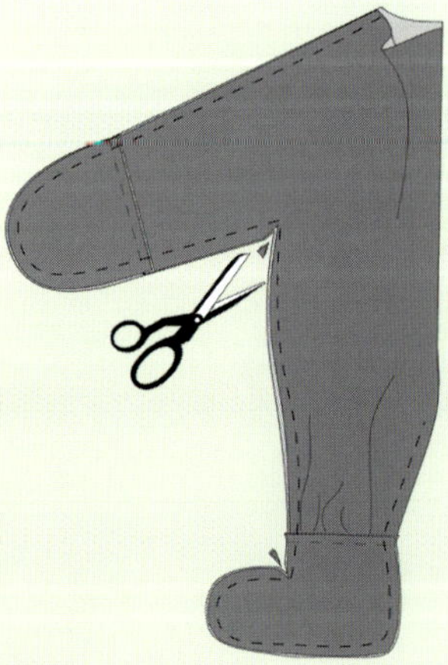

5. Wie appliziere ich?

Zum Applizieren benötigen Sie Vliesofix®. Hierbei handelt es sich um ein Trägerpapier, welches einseitig mit einer Klebeschicht versehen ist. Dieses Trägerpapier bügeln Sie vor dem Zuschnitt auf die linke

Seite des Applikationsstoffes. Dann übertragen Sie die Konturen der Applikation mit Bleistift auf die Papierseite (Schnittteil seitenverkehrt auflegen). Schneiden Sie erst dann die Applikation exakt zu, ziehen Sie das Papier ab und bügeln Sie es auf den Hintergrundstoff. Mehrere aneinander stoßende Applikationsteile sollten sich 1 mm überlappen. Mit einem kleinen, dicht eingestellten Zickzackstich werden die Stoffkanten übernäht. Applikationen, die nicht auf einen Hintergrundstoff aufgebügelt werden sollen, sondern die z. B. an einem Band frei hängen, bügeln Sie auf die linke Seite eines grob zugeschnittenen und mit Vlieseline® verstärkten Hintergrundstoffs. Nach dem Übersteppen der Konturen wird dieser mit einer scharfen Schere vorsichtig weggeschnitten.

6. Wie versäubere ich Kanten mit dem Knopflochstich?

Bei einigen Applikationen werden die Kanten mit Knopflochstich versäubert. Hierzu werden in gleichmäßigen Abständen die exakt zugeschnittenen und mit fester Vlieseline® beklebten Schnittteile mit Knopflochgarn umstochen. Arbeiten Sie von unten nach oben, die Nadel zeigt nach links. Die Schlingenbildung entnehmen Sie der Zeichnung. Achten Sie darauf, dass das Knötchen direkt an der Schnittkante liegt. Abstand und Tiefe der einzelnen Stiche sollte möglichst gleichmäßig sein.

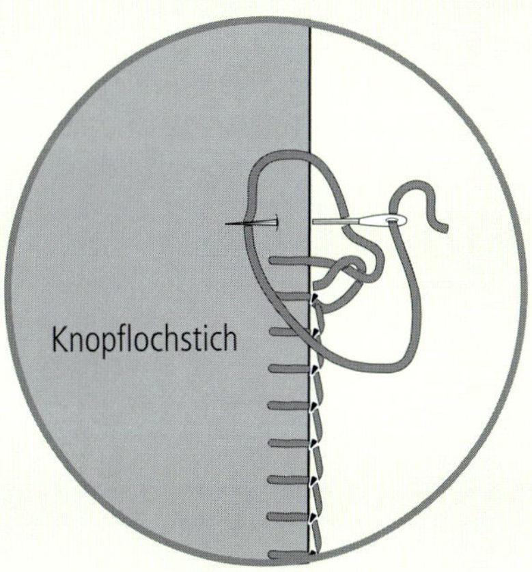

7. Wie fasse ich offene Kanten mit Schrägband ein?

Es gibt zwei Methoden, offene Kanten mit Schrägband einzufassen. Zum einen kann man fertig gefalztes Schrägband kaufen, zum anderen besteht die Möglichkeit, Stoffstreifen im schrägen Fadenlauf zuzuschneiden. Bei der ersten Methode legt man das Schrägband um die offene Kante, achtet darauf, dass die etwas breitere Seite des Schrägbandes unten liegt und steppt dann den Schrägstreifen von oben fest. Eine andere Möglichkeit ist das Einfassen mit selbst zugeschnittenen Schrägstreifen. Die Streifen sollten 3,5 cm breit und im schrägen Fadenlauf zugeschnitten werden (Winkel von 45° zum Fadenlauf). Stecken Sie diesen Schrägstreifen rechts auf rechts an die Stoffkante und steppen Sie ihn füßchenbreit (0,7 cm) fest. Anschließend klappen Sie den Schrägstreifen hoch, bügeln die Kante, legen Sie ihn um die Nahtzugabe, schlagen Sie ihn an der Innenseite nach links ein und nähen Sie ihn von Hand fest.

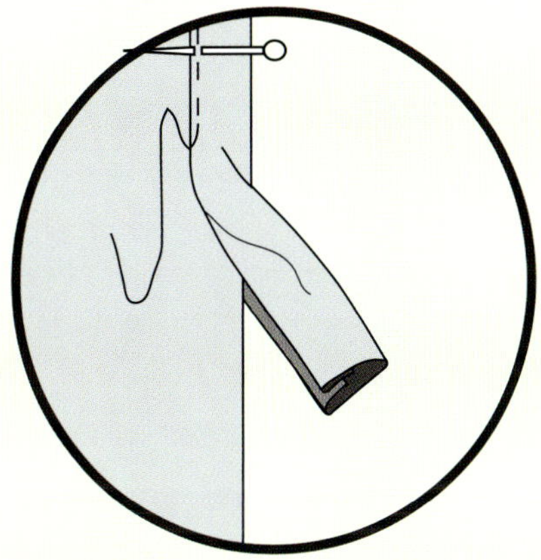

8. Wie stelle ich Bänder her?

Zur Herstellung von Bändern oder Schlaufen haben Sie zwei Möglichkeiten. Bei der ersten Methode falten Sie das Band (zweimal fertige Breite plus 1,5 cm Nahtzugabe) rechts auf rechts und steppen die Kanten füßchenbreit (0,7 cm) aufeinander (1a). Schneiden Sie dann die Nahtzugabe knappkantig zurück. Zum Wenden benötigen Sie eine dicke Stopfnadel und doppelt gelegtes Nähgarn oder Knopflochgarn, welches Sie innerhalb der Nahtzugabe festnähen und als Wendehilfe benutzen (1b). Nach dem Wenden bügeln Sie die Kanten.

Bei der zweiten Methode werden die Nahtzugaben des Stoffstreifens zunächst nach links gebügelt (2a). Anschließend wird der gesamte Streifen nochmals links auf links gebügelt und dann knappkantig von rechts übersteppt (2b).

1. Methode,
Wenden von Schlaufen und Bändern:

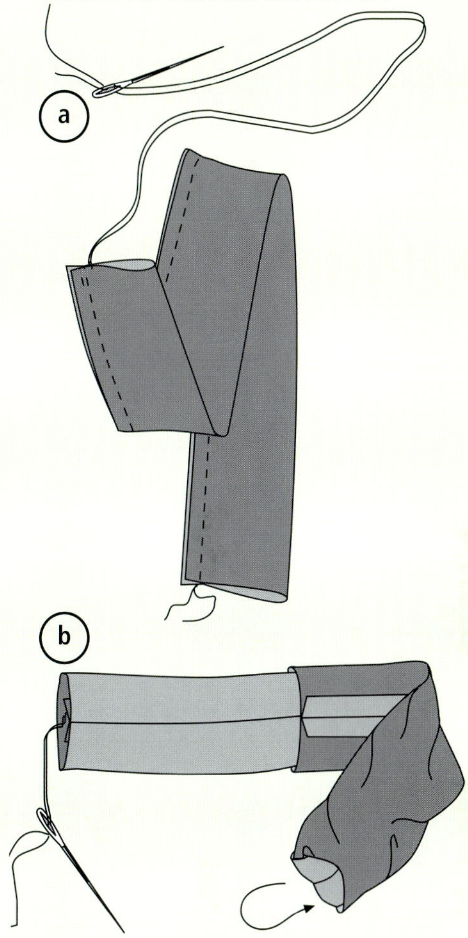

2. Methode, Schlaufen und Bänder:

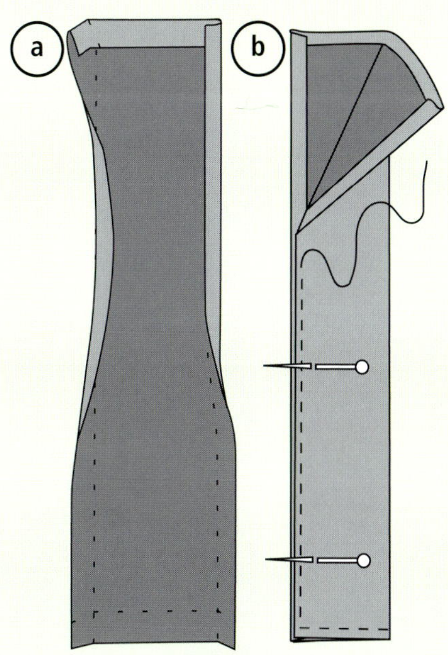

Modell: Elch, **Seite 6, Vorlagen 1 bis 9** **Alle Vorlagen auf 150 % vergrößern**

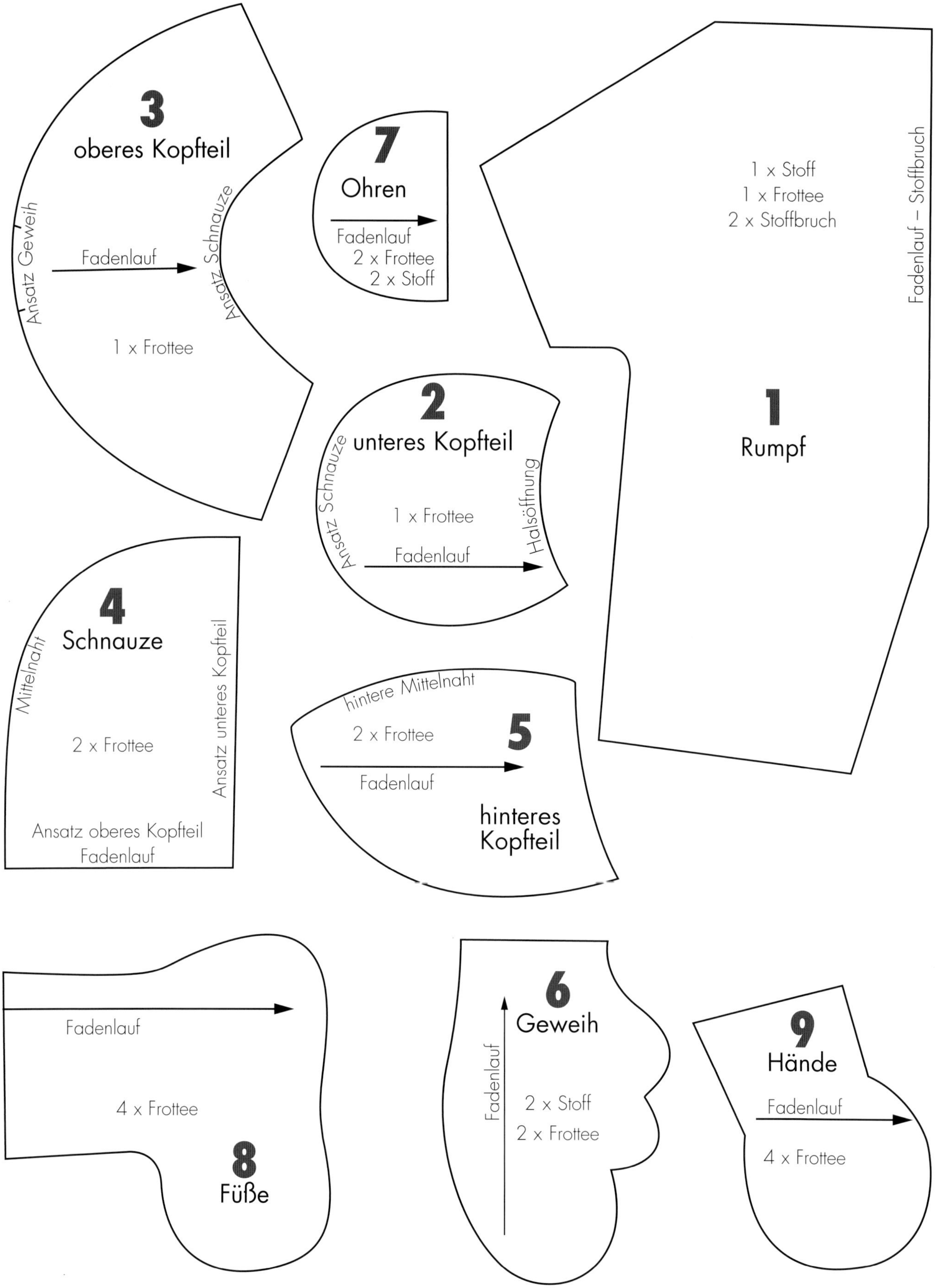

Modell: Königskissen orange, **Seite 8, Vorlagen 10 bis 17** **Alle Vorlagen auf 150 % vergrößern**

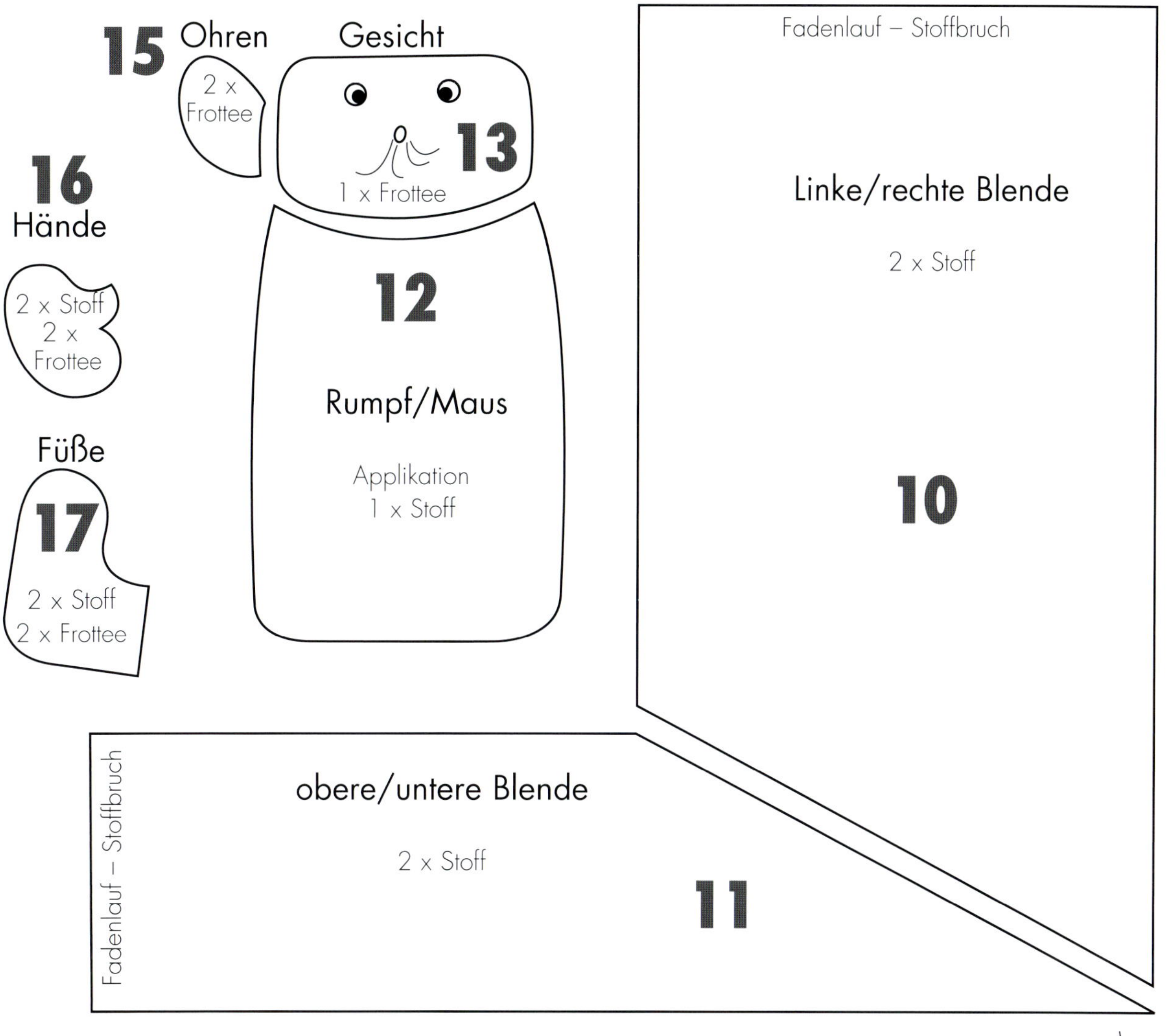

Modell: Windelsack,
Seite 10, Vorlage 18

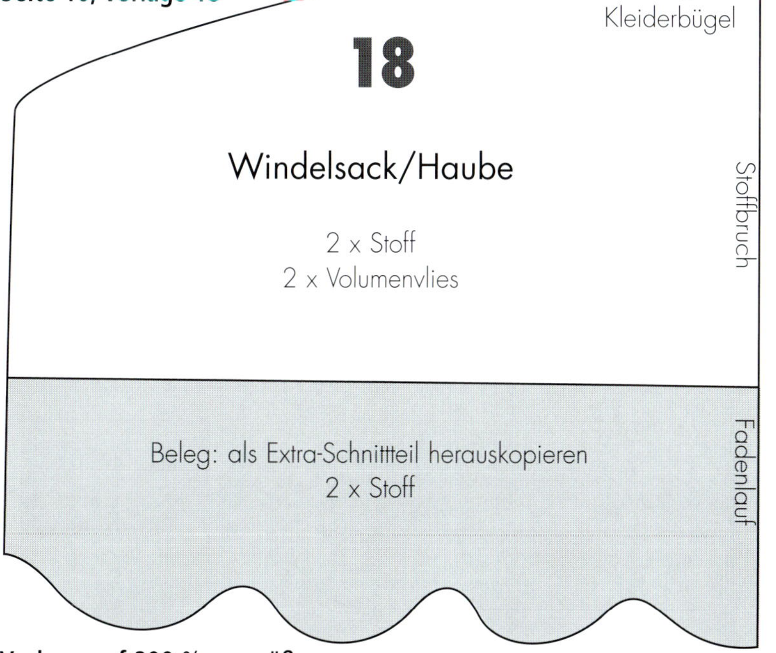

Vorlage auf 200 % vergrößern

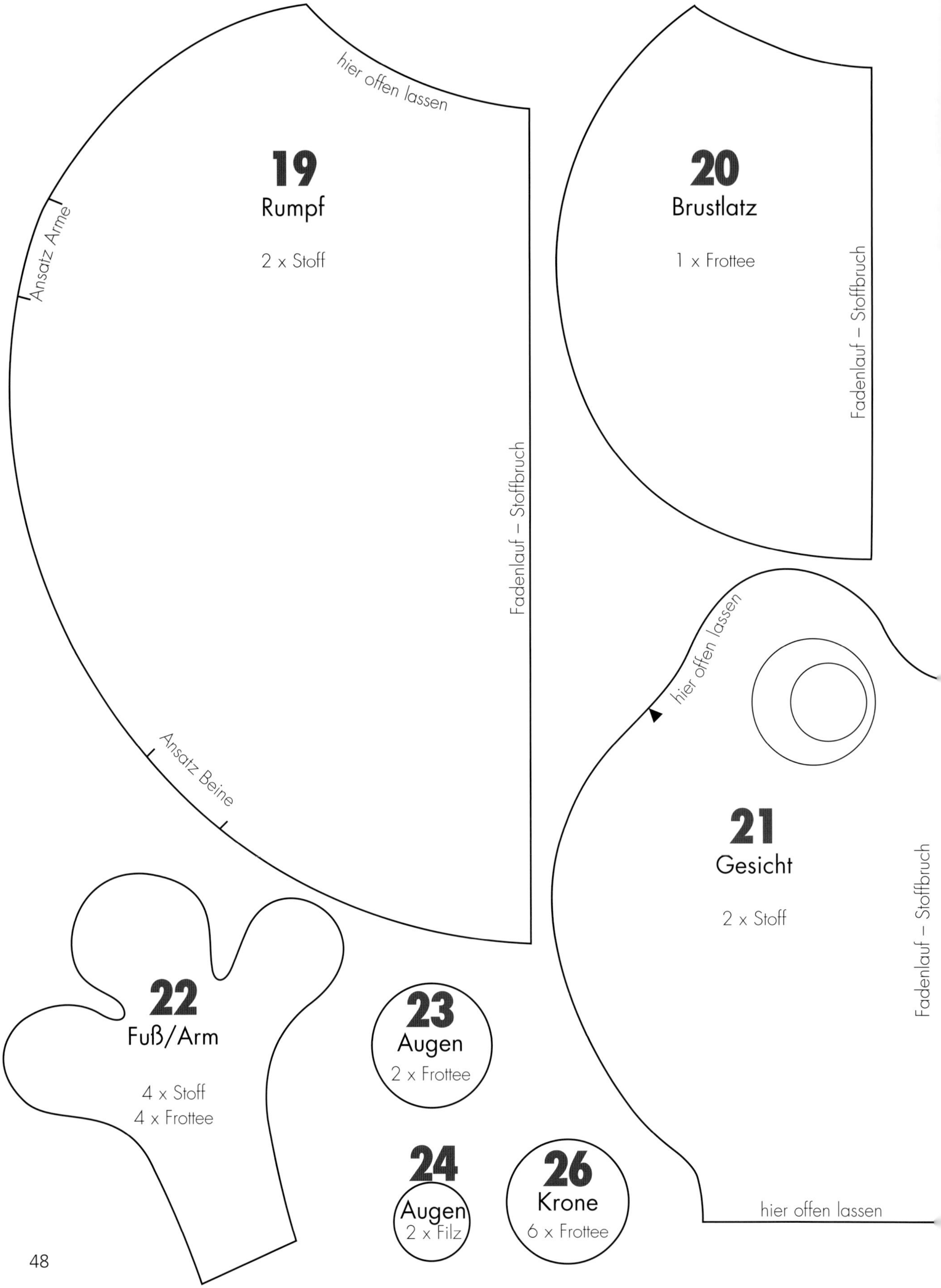
hier offen lassen
19
Rumpf
2 x Stoff
Ansatz Arme
Fadenlauf – Stoffbruch
Ansatz Beine
20
Brustlatz
1 x Frottee
Fadenlauf – Stoffbruch
hier offen lassen
21
Gesicht
2 x Stoff
Fadenlauf – Stoffbruch
hier offen lassen
22
Fuß/Arm
4 x Stoff
4 x Frottee
23
Augen
2 x Frottee
24
Augen
2 x Filz
26
Krone
6 x Frottee

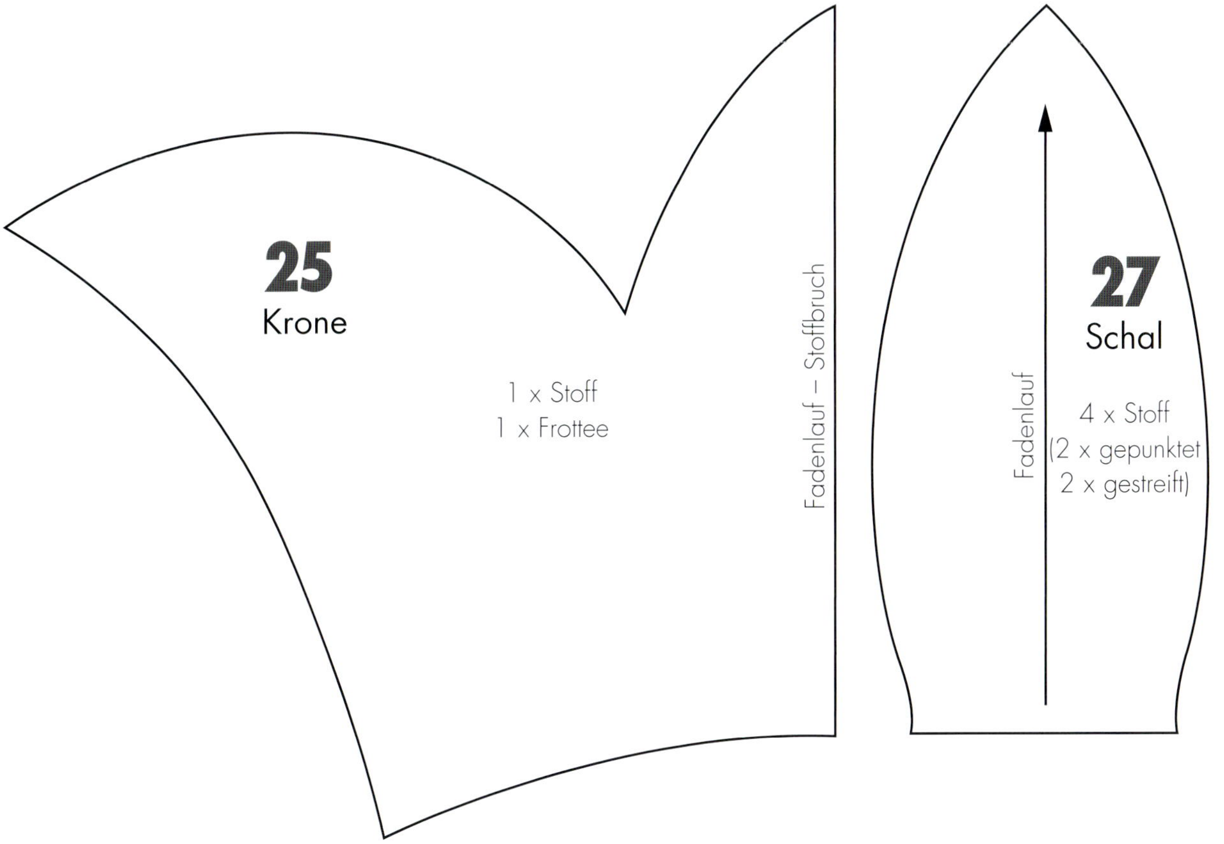

Modell: Königskissen grün, **Seite 14, Vorlagen 28 bis 33**

Alle Vorlagen auf 150 % vergrößern

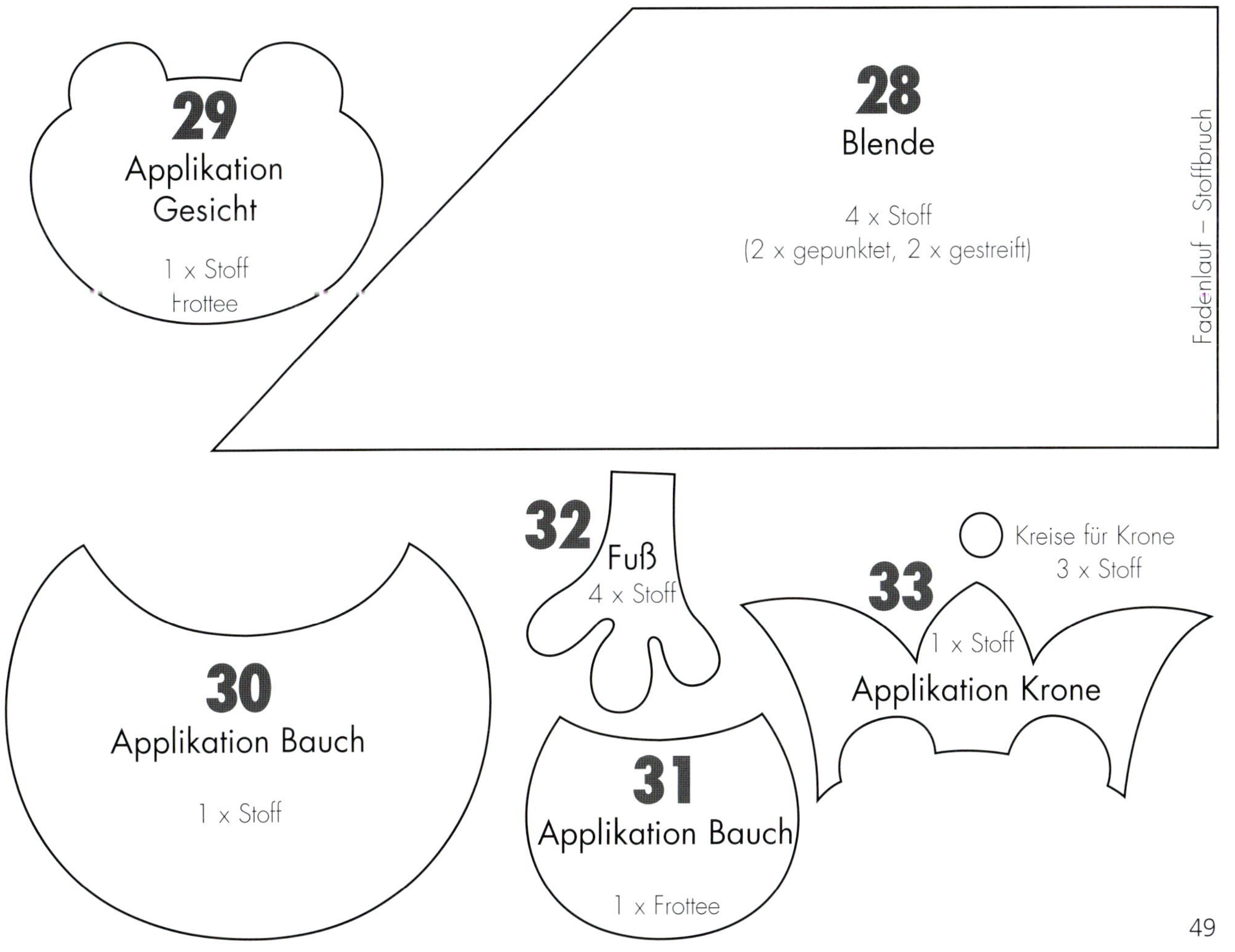

Alle Vorlagen auf 150 % vergrößern

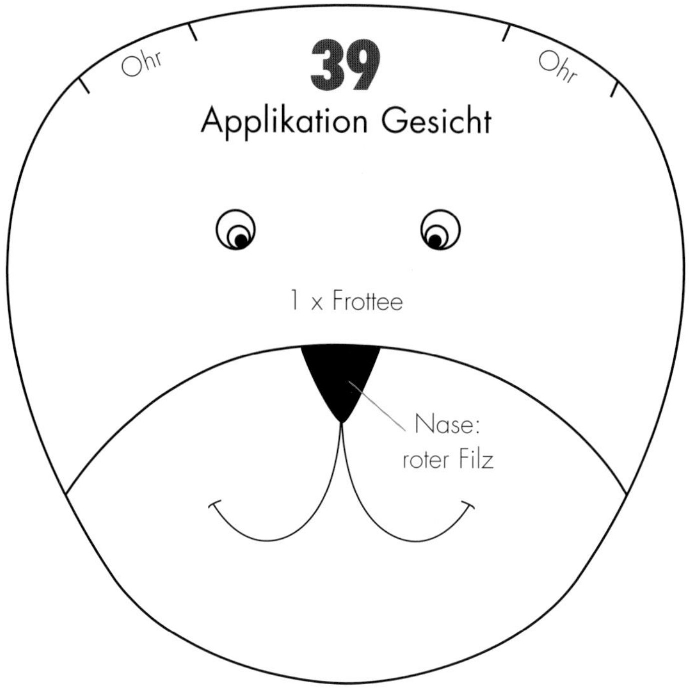

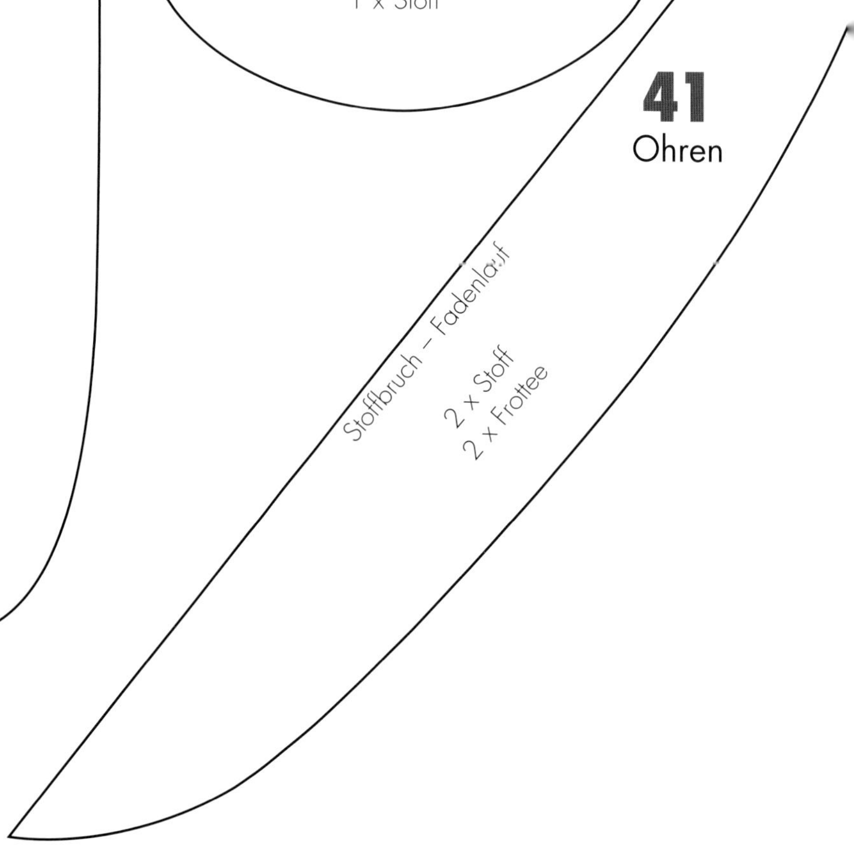

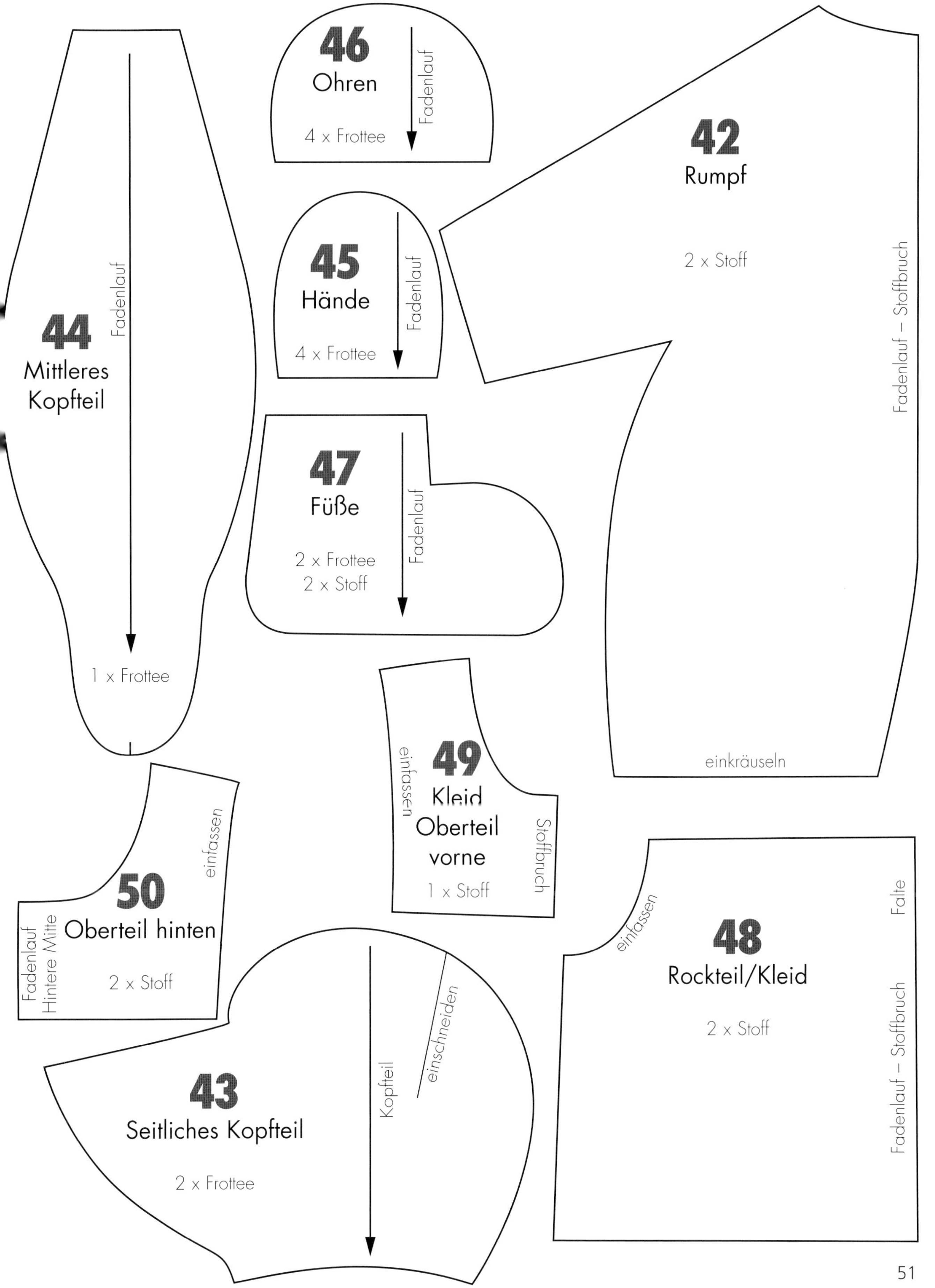
44
Mittleres Kopfteil
Fadenlauf
1 x Frottee
46
Ohren
Fadenlauf
4 x Frottee
45
Hände
Fadenlauf
4 x Frottee
47
Füße
Fadenlauf
2 x Frottee
2 x Stoff
42
Rumpf
2 x Stoff
Fadenlauf – Stoffbruch
einkräuseln
49
Kleid Oberteil vorne
einfassen
Stoffbruch
1 x Stoff
50
Oberteil hinten
einfassen
Fadenlauf Hintere Mitte
2 x Stoff
48
Rockteil/Kleid
einfassen
Falte
Fadenlauf – Stoffbruch
2 x Stoff
43
Seitliches Kopfteil
Kopfteil
einschneiden
2 x Frottee

Modell: Tasche mit Hund,

Seite 36, Vorlage 81, auf 150 % vergrößern

Modell: Karierte Beutel,

Seite 24, Vorlage 54

Modell: Utensilo, **Seite 22, Vorlagen 51 bis 53, auf 200 % vergrößern**

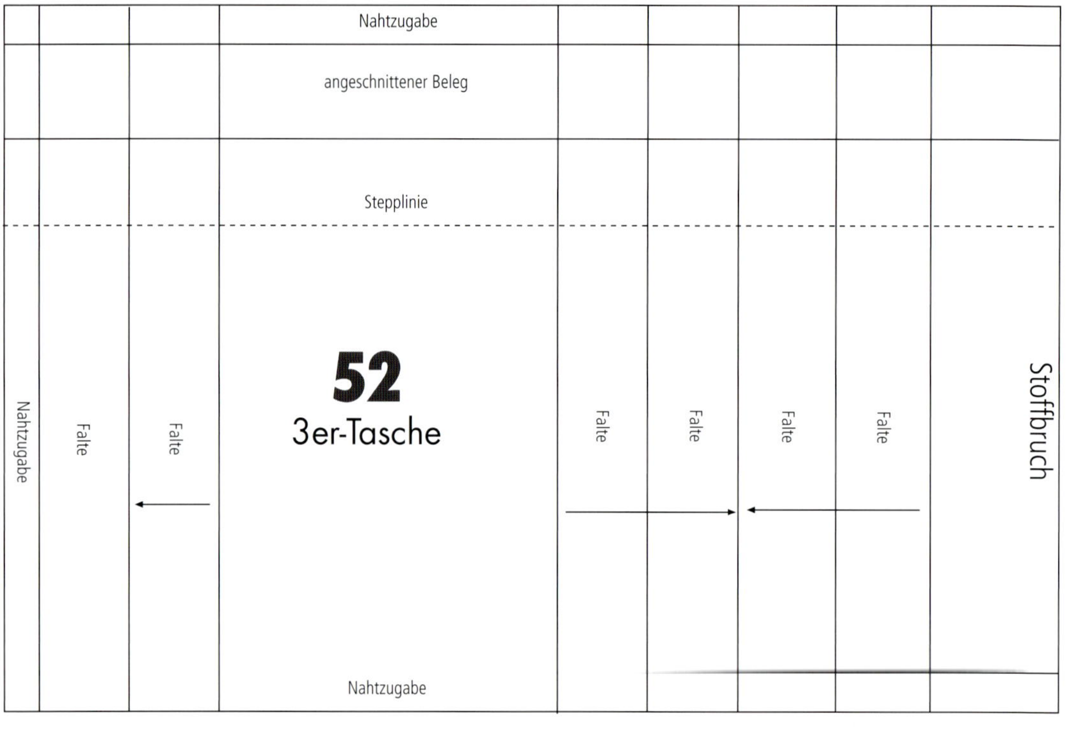

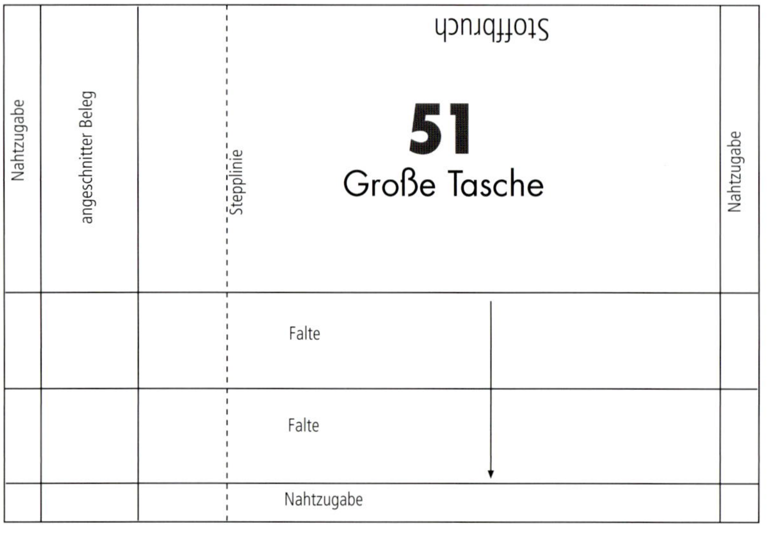

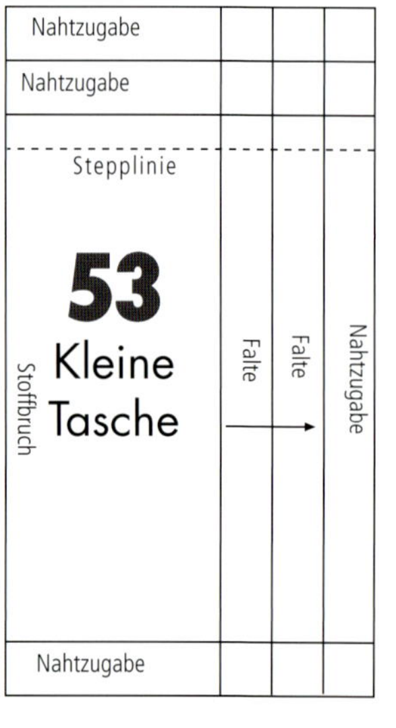

Modell: Bär, **Seite 26, Vorlagen 55 bis 64**

Alle Vorlagen auf 200 % vergrößern

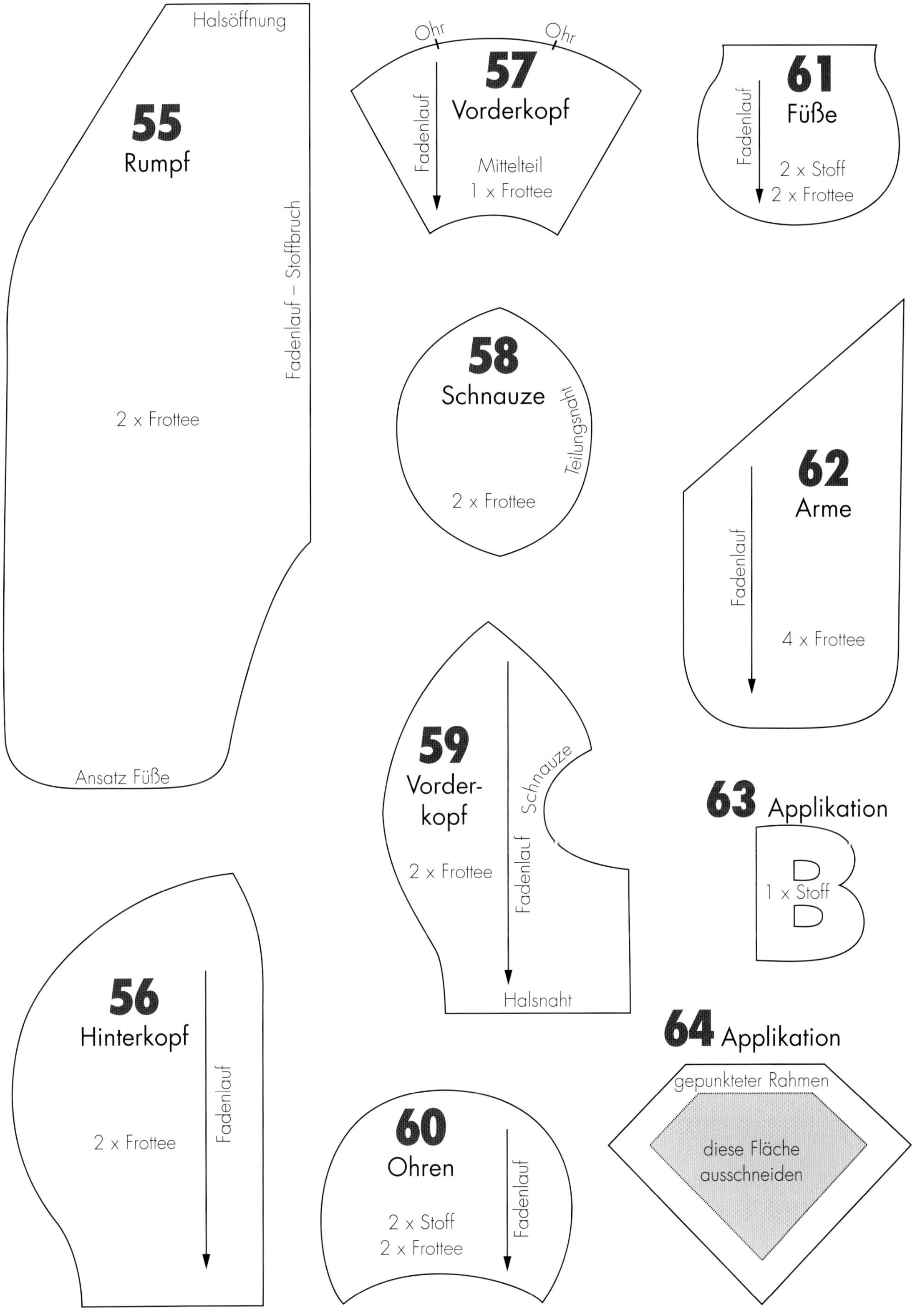

Modell: Schürze, **Seite 28, Vorlagen 65 bis 68**

Alle Vorlagen auf 200 % vergrößern

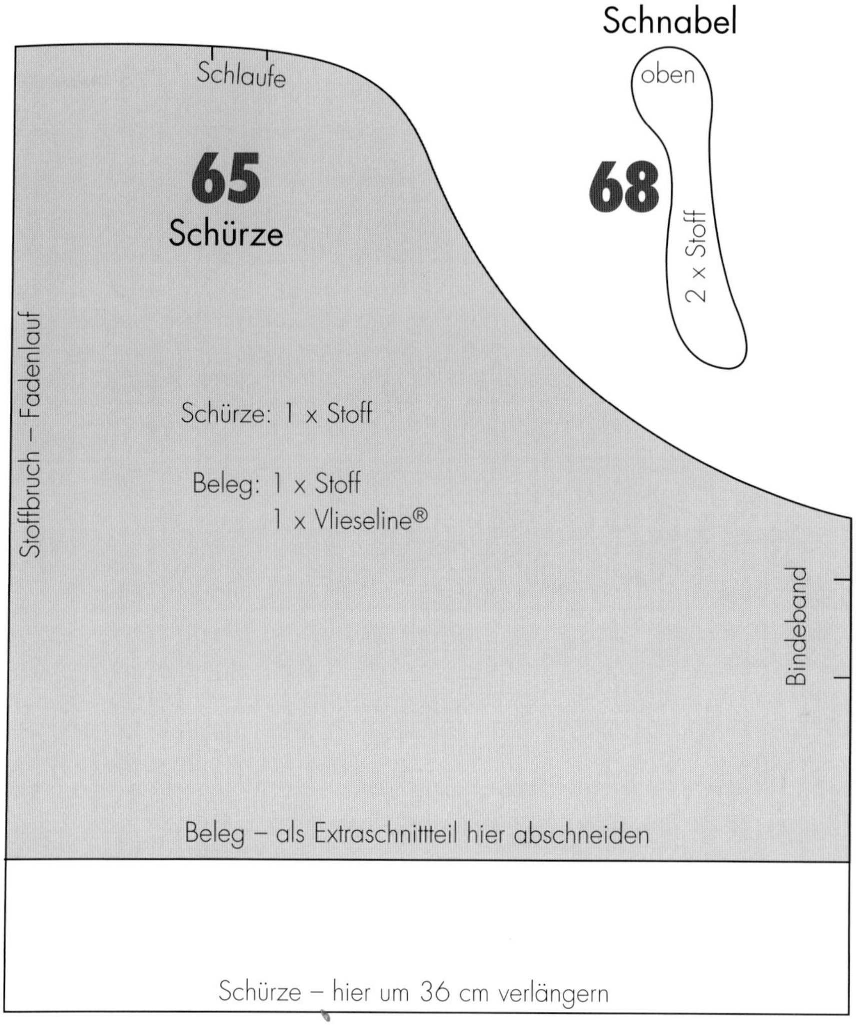

Applikation

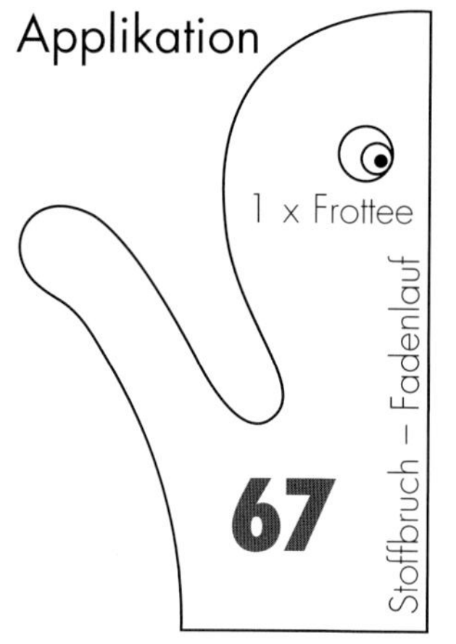

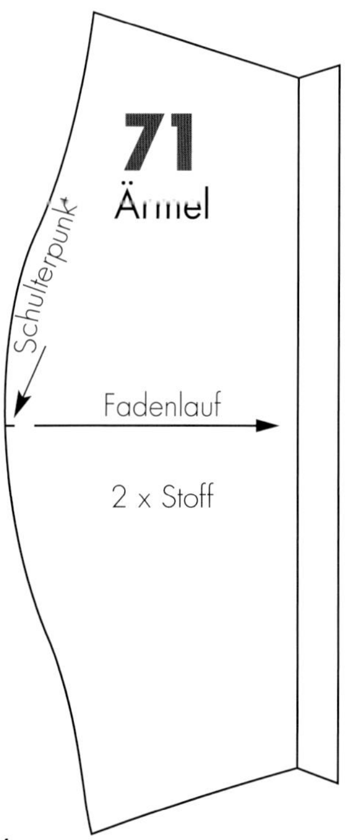

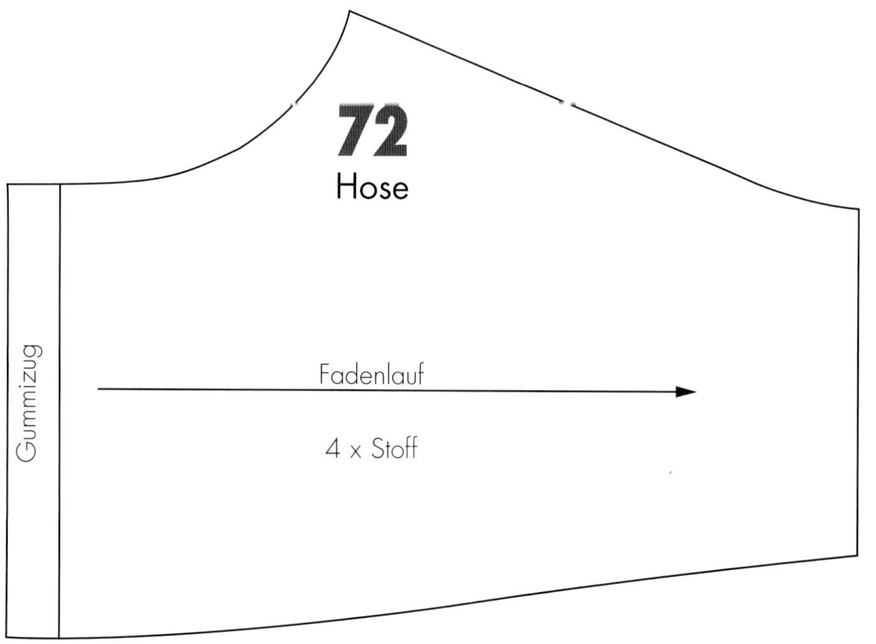

Modell: Puppenschlafanzug, **Seite 30, Vorlagen 69 bis 72, auf 200 % vergrößern**

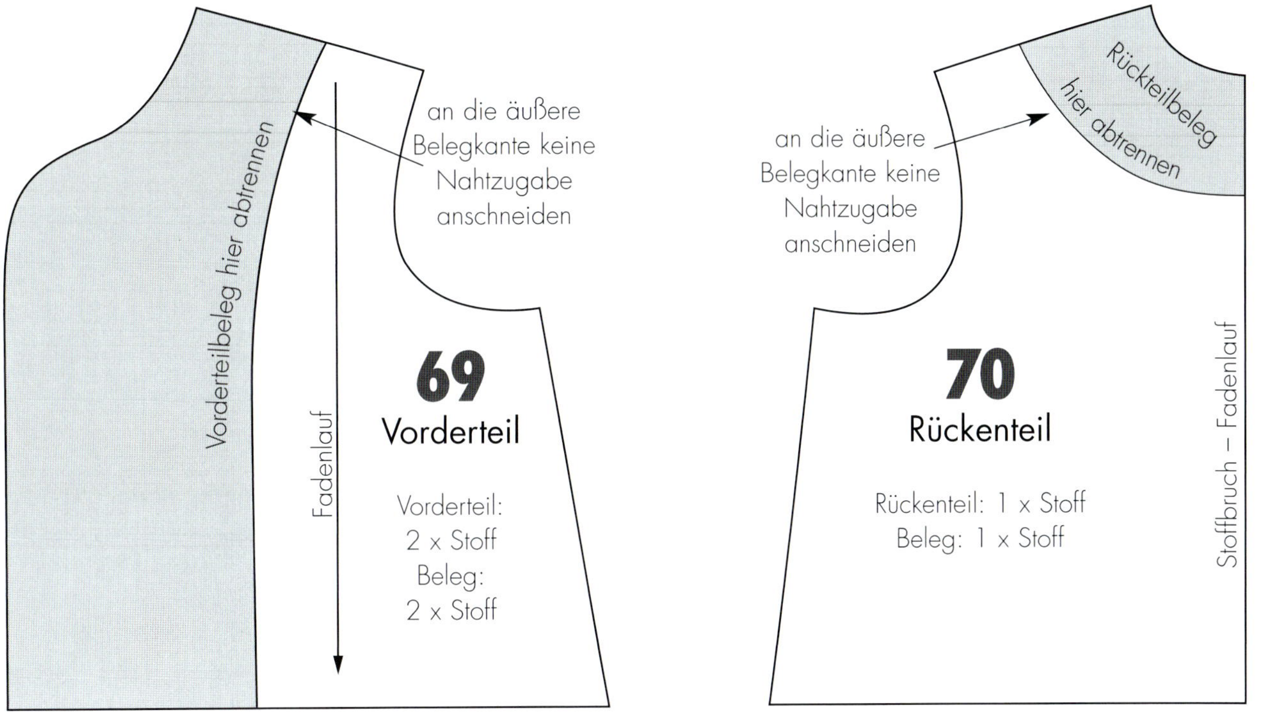

Modell: Utensilo, **Seite 22**

Zahlen in Originalgröße

Modell: Zahlenwürfel (Zahlen von 1–6), **Seite 24**

Zahlen auf 80 % verkleinern

Modell: Puppenschlafsack, **Seite 32, Vorlagen 73 bis 75, auf 200 % vergrößern**

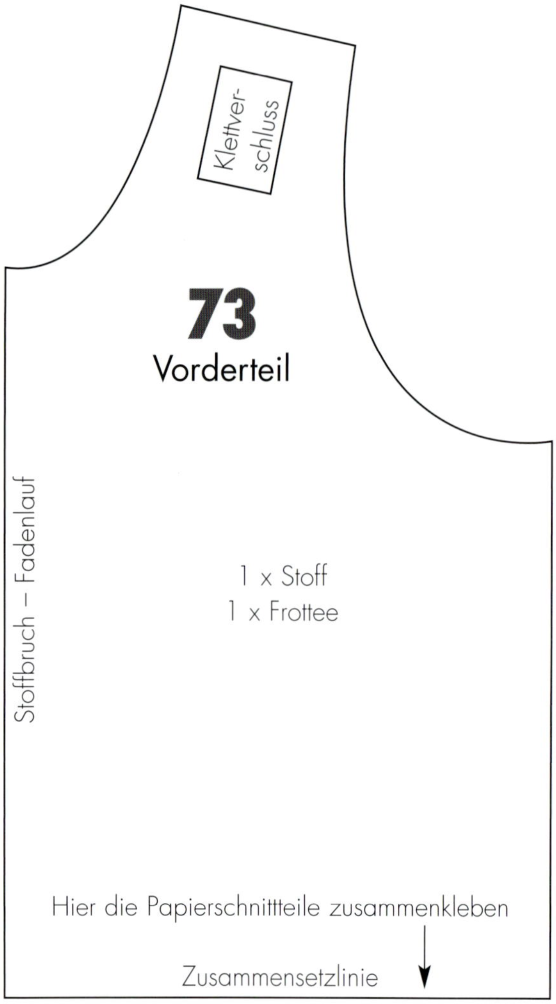

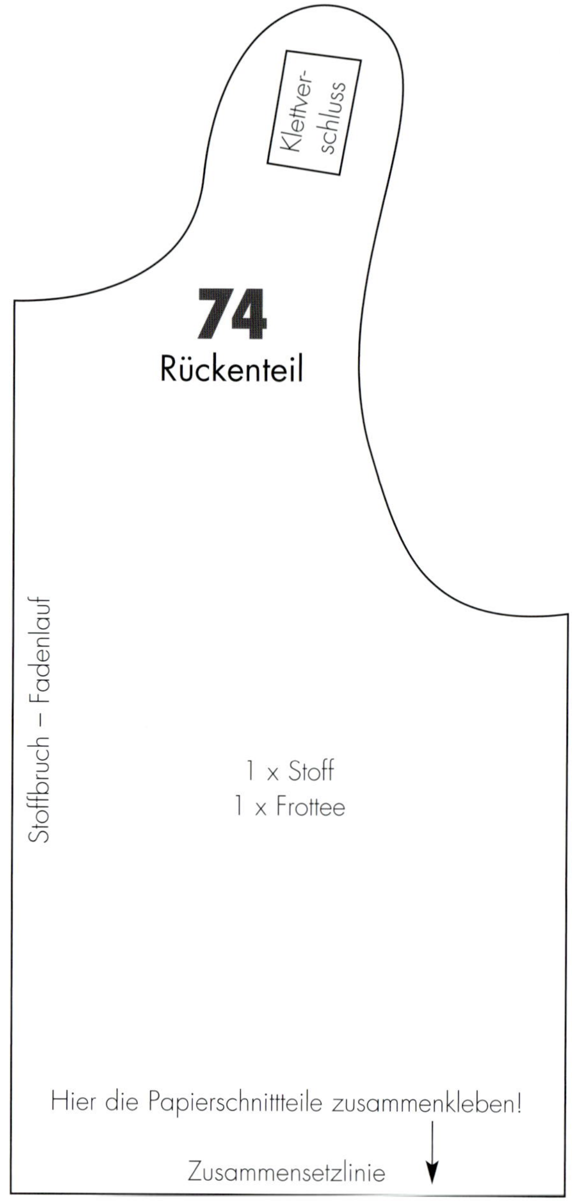

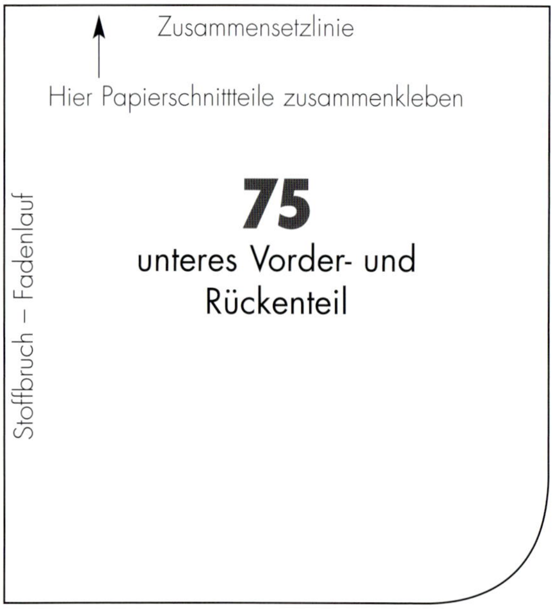

Modell: Flaschenbeutel, **Seite 36, Vorlage 82, auf 150 % vergrößern**

Modell: Kegelspiel, **Seite 34, Vorlagen 76 bis 80, auf 150 % vergrößern**

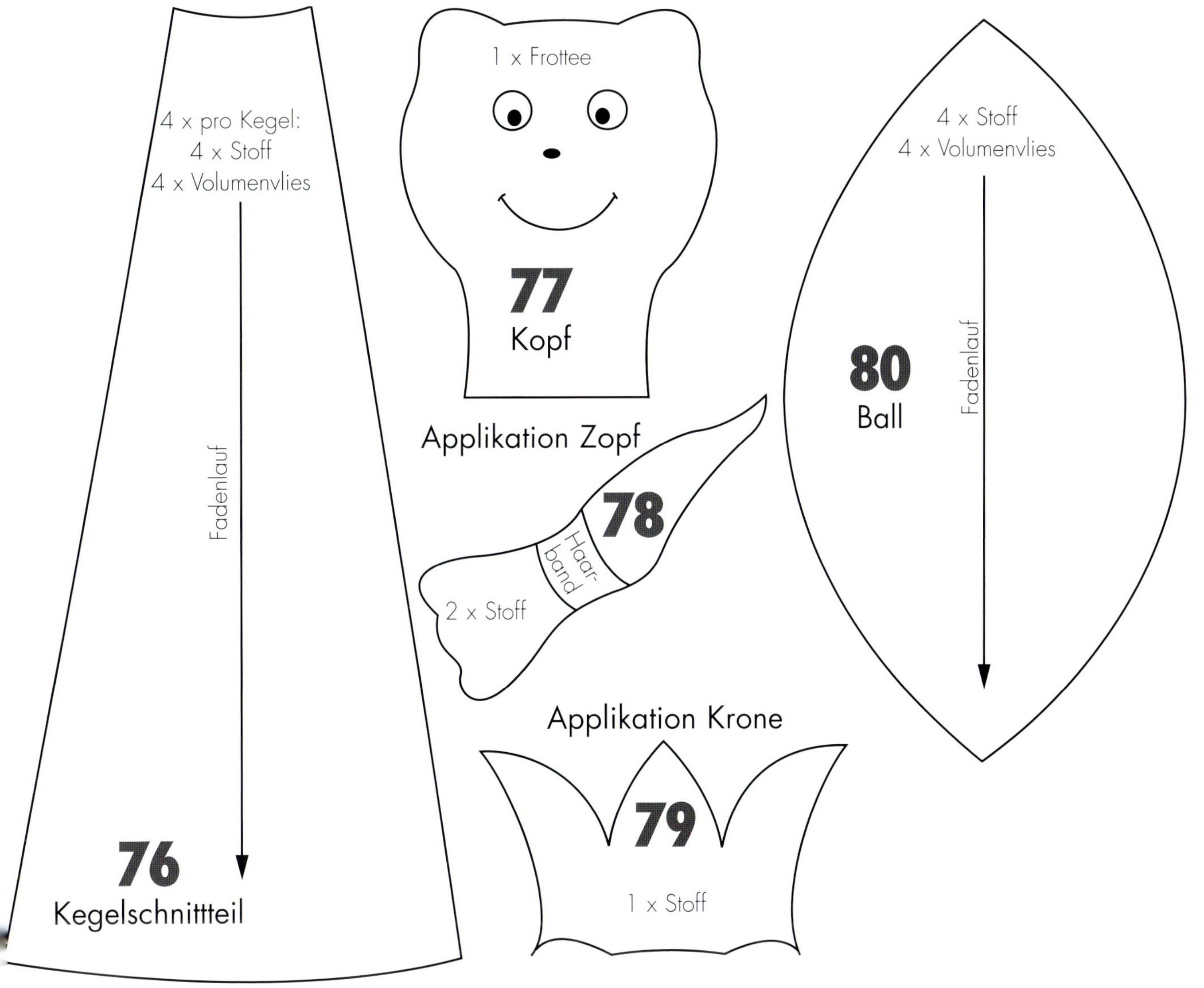

Modell: Ballerinatasche, **Seite 39, Vorlage 89, auf 150 % vergrößern**

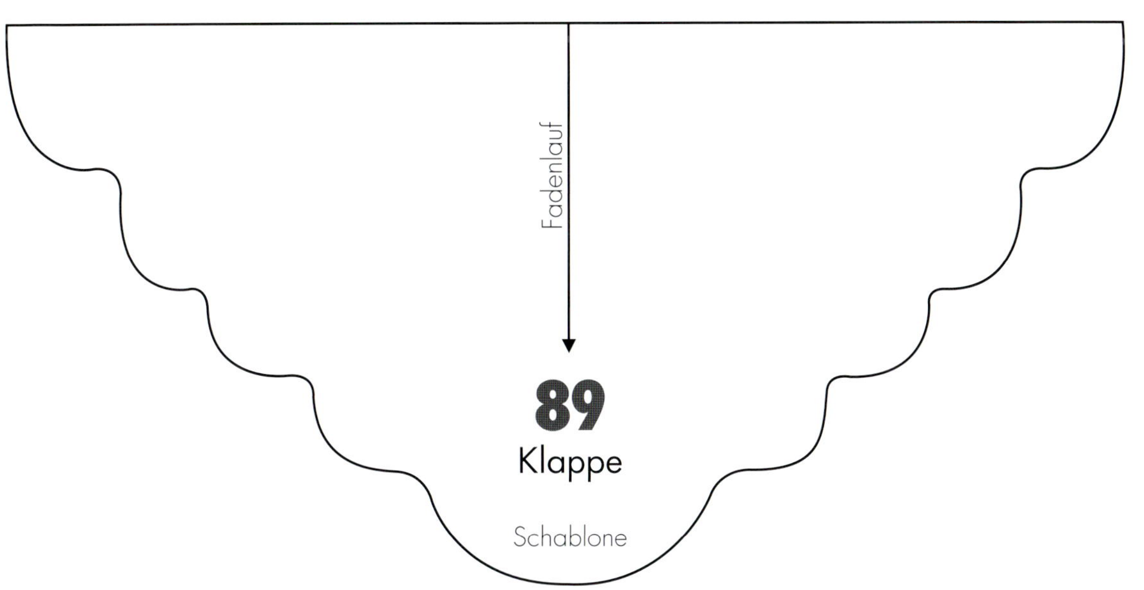

Modell: Grüne Filztasche, **Seite 38, Vorlagen 83 bis 85, auf 200 % vergrößern**

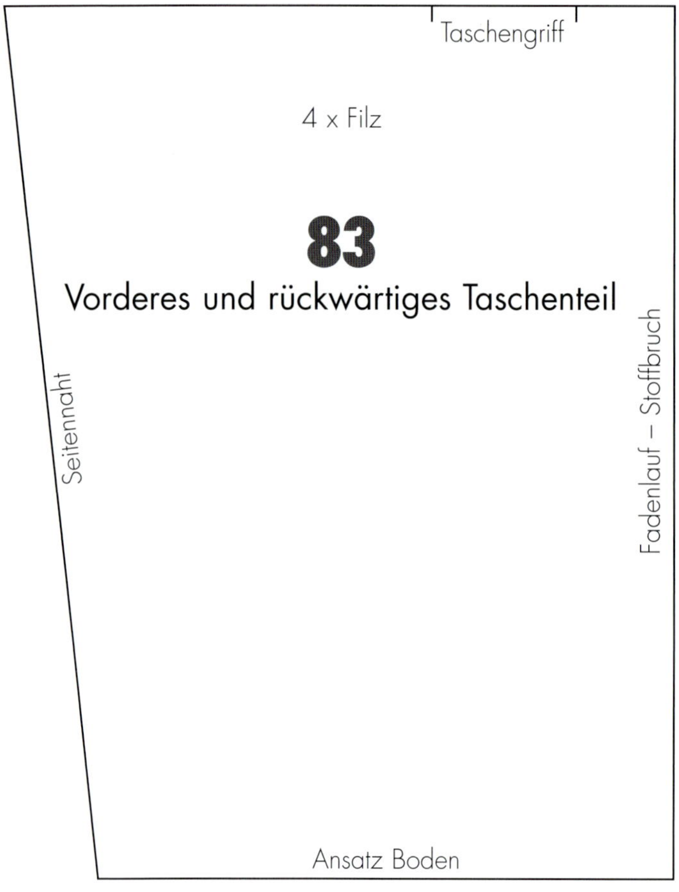

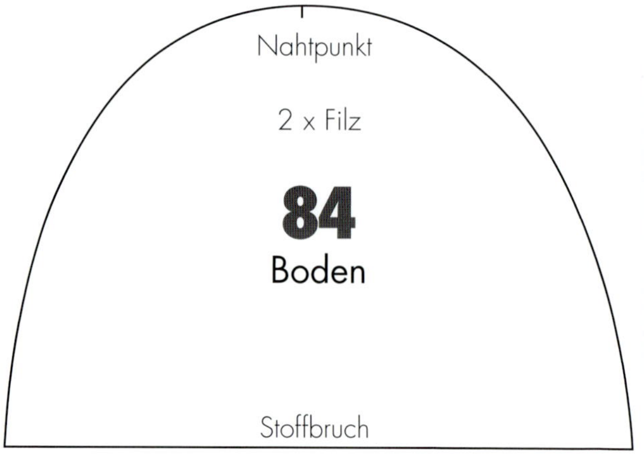

Applikation Blüte

Modell: Stepptasche, **Seite 40, Vorlagen 86 und 87, auf 150 % vergrößern**

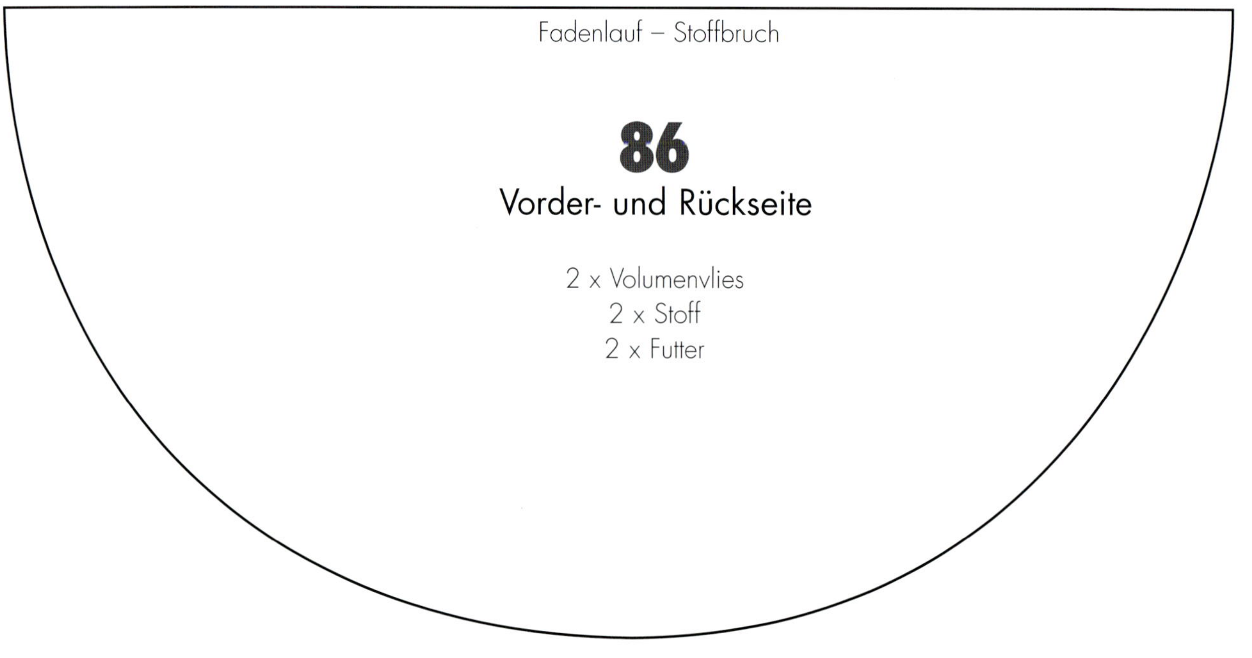

Modell: Geldbörse, **Seite 40, Vorlage 88, auf 150 % vergrößern**

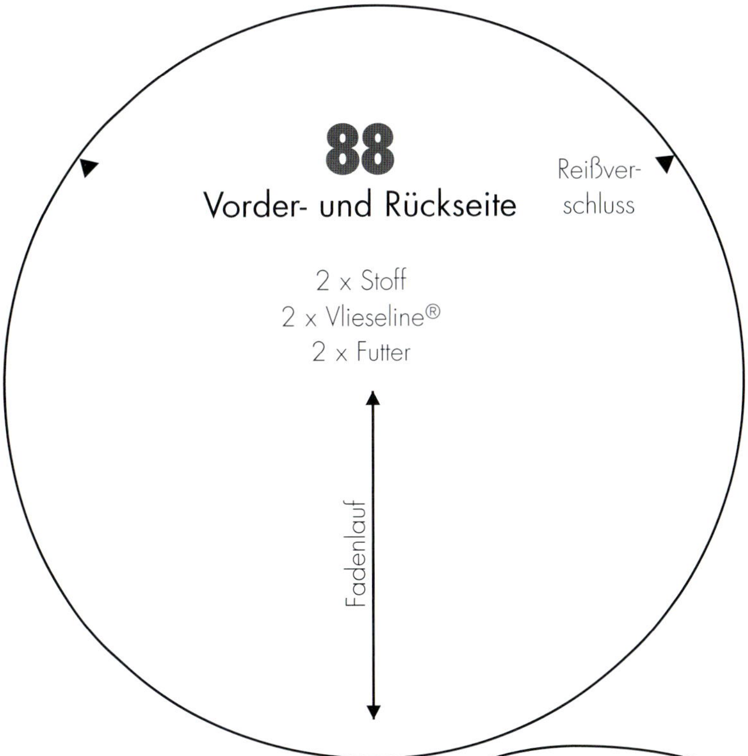

Modell: Rot-Weiß karierter Beutel, klein,

Seite 42, Vorlage 91,
auf 150 % vergrößern

Modell: Rot-Weiß karierter Beutel, groß, **Seite 42, Vorlage 90, auf 150 % vergrößern**

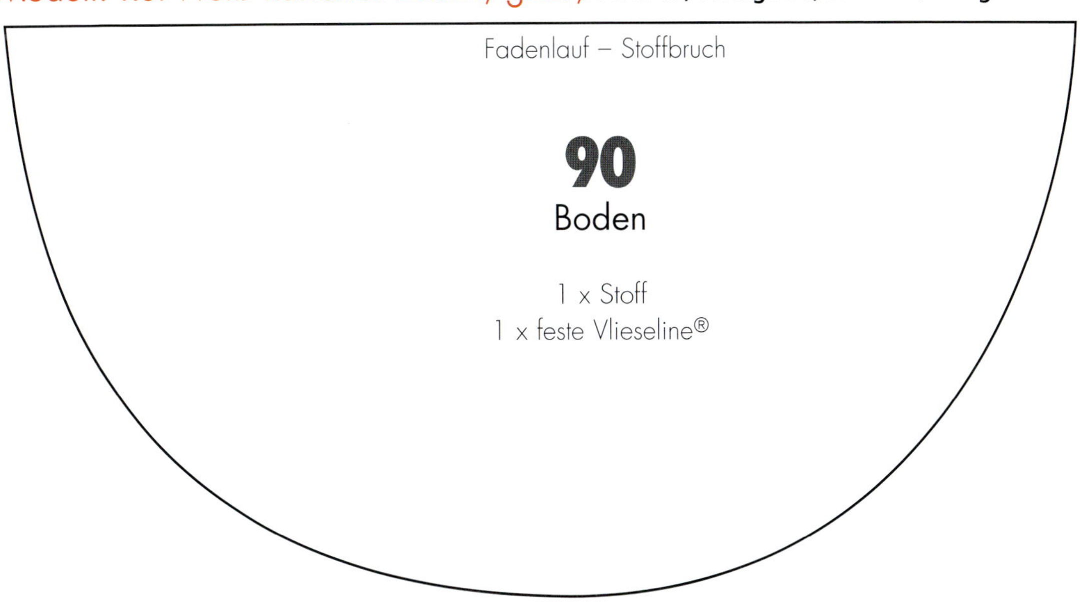

Modell: Kegelspiel, **Seite 34, Vorlage 92**

Alle Vorlagen auf 150 % vergrößern

Modell: Box in Grün, **Seite 16, Vorlagen 34 und 35**

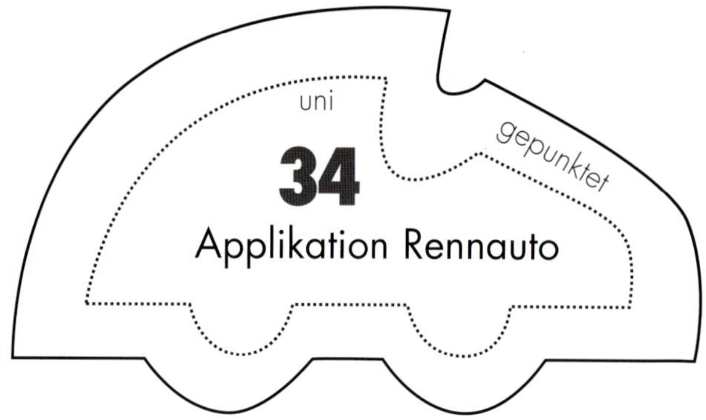

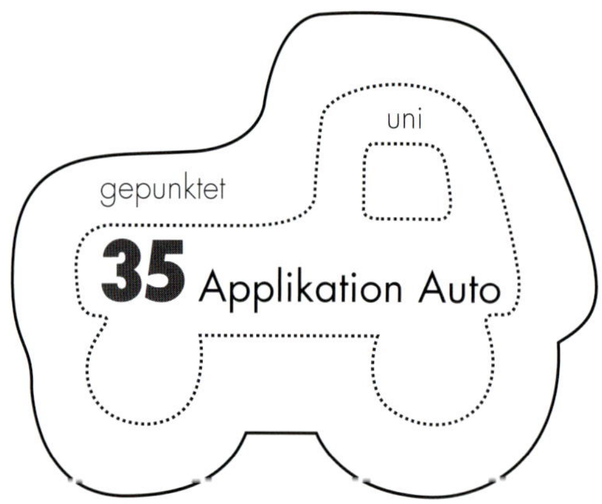

Modell: Box in Orange, **Seite 16, Vorlagen 36 und 37**

Applikation Blumen

Applikation Schmetterling

OZ creativ

Gestalte Deine Welt.

Weitere Informationen zu unseren Handarbeits-Büchern erhalten Sie in Ihrer Buchhandlung oder in Ihrem Bastel- und Handarbeitsfachgeschäft.

Kinderwelt – Ideen aus Stoff

Tolle neue Ideen aus Stoff zum Spielen, Schlafen, Reisen und Kuscheln für Kinder vom Baby bis zum Schulalter. Mit großem herausnehmbaren Schnitt- und Vorlagenbogen.

ISBN 3-89858-345-7
ISBN 978-3-89858-345-9 (gültig ab 1.1.2007)

Nähen im Landhaus-Stil

Warme Landhausfarben und Stoffe im italienischen Design selbst genäht. Mit Vorlagen und Schemazeichnungen, sowie einem Grundkurs „Nähen für Neugierige“. Mit vielen Tipps, Tricks und ganz einfachen Anleitungen.

ISBN 3-89858-625-1
ISBN 978-3-89858-625-2
(gültig ab 1.1.2007)

Kinderwelt aus Stoff

Wunderschöne Textilien für die Baby- und Kleinkindzeit. Selbstgemacht, nach Wahl aus chemisch unbehandelten Stoffen und ohne verschluckbare Kleinteile. Mit ausführlichem Lehrgang „Nähen“, Schemazeichnungen und Tipps für Materialeinkauf und Stoffzuschnitt.

ISBN 3-89858-041-5
ISBN 978-3-89858-041-0 (gültig ab 1.1.2007)

Impressum

Entwürfe und Realisation:
Ruth Laing

Lektorat und Fachkorrektur:
Bernadette Mayr, Kempten

Redaktion:
Anke Sturm

Fotos:
Hermann Mareth, Offenburg

Styling:
Elke Reith, Offenburg

Technische Zeichnungen:
Ruth Laing (im Anleitungsteil),
Heyde Design, Kathrin Grunert (im Vorlagenteil)

Layout:
Heyde Design, Rheinfelden, Isabell Rinner

Umschlaggestaltung:
Christiane Kölble

Reproduktion:
Baun PrePress, Fellbach

Druck und Verarbeitung:
J. P. Himmer, Augsburg

Hersteller

Westfalenstoffe AG, Münster,
www.westfalenstoffe.de

Freudenberg Vliesstoffe KG, Heidelberg,
www.vlieseline.de

ISBN 3-89858-816-5
ISBN 978-3-89858-816-4
(gültig ab 1.1.2007)